ÉTUDES

SUR LA PROVINCE D'ORAN.

ÉTUDES

SUR LA

PROVINCE D'ORAN

PAR

L. LACRETELLE.

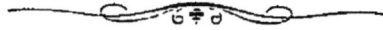

MARSEILLE,

TYPOGRAPHIE Vᵒ MARIUS OLIVE,

rue Paradis, 68.

—

1865

AVANT-PROPOS.

Le sort de la colonisation africaine doit prendre une large part dans les préoccupations de tout Français : chacun a suivi avec intérêt les efforts tentés en divers sens pour la prospérité de l'Algérie ; a vu avec peine la stérilité relative de ces efforts, et il n'est personne qui ne souhaite et ne soit disposé à accueillir les renseignements sincères, les idées inspirées par le séjour dans le pays, les jugements que peuvent porter ceux qui l'habitent, afin que les causes de stagnation étant découvertes, il devienne possible de rémédier au mal.

On a semblé croire en France, dans ces derniers temps, que les progrès de la colonie dépendaient entièrement d'un système de gouvernement plutôt que d'un autre. Sous l'influence de cette idée, on a inauguré, puis abandonné divers modes d'administration. A l'heure actuelle,

6

le bien ne s'est pas encore produit. Voilà malheureusement le seul fait constaté. Qu'en conclure ? Que l'amélioration est impossible ? Nullement. Aucune terre n'est
plus riche , plus féconde , plus propre a être colonisée
que l'Algérie, et ce serait une honte pour la nation française que de l'avoir tenté sans y parvenir. Nous le disons
avec conviction et nous espérons parvenir à le démontrer, la prospérité du pays dépend encore d'autres causes
moins élevées. On a d'abord oublié presque partout ,
qu'il fallait toujours suivre les indications tracées sur
le sol par la nature ; exécuter les grands travaux en vue
des intérêts généraux et non des intérêts locaux, et surtout diviser à l'avance chaque arrondissement en un
certain nombre de cantons , et en désigner les chefs-
lieux : fonder le crédit public qui eût chassé l'usure des
villes et des campagnes ; développer l'irrigation et adop-
ter des moyens pour fondre les intérêts, les usages, les
mœurs, les lois des Arabes dans les nôtres et leur rendre
la civilisation qui fut entièrement étouffée par les Turcs.
Beaucoup d'autres questions secondaires , et un certain
nombre de questions de haute administration , n'ont
également été envisagées que d'une manière trop super-
ficielle.

Nous croyons donc de notre devoir de livrer à nos
concitoyens le résultat de nos impressions personnelles
après dix-sept années de séjour dans la colonie en qua-

lité d'agriculteur. Dès la huitième année de notre installation, nous avons fait partie de la Chambre d'agriculture de la province, puis du Conseil général et du Conseil de notre commune. Dans ces diverses situations nous avons constaté notre insuffisance à faire accepter les vœux qui nous étaient inspirés par la connaissance du pays. En 1860, nous avons renoncé dès-lors à cette manière à peu-près stérile de servir les intérêts de la co lonie, et nous essayons, par la publication de nos idées, d'appeler l'attention publique sur un ensemble de travaux à exécuter et de changements à opérer qui pourraient peut-être remédier au fâcheux état de la contrée. Heureux si nous pouvons projeter la lumière sur des choses mal discutées, parce qu'elles sont peu connues, et si nous pouvons faire revenir certains esprits de leur prévention contre l'Algérie, en prouvant que l'on ne doit pas mettre sur le compte du sol le peu de progrès obtenus jusqu'ici, mais qu'on doit l'attribuer aux hommes et surtout aux institutions.

ÉTUDES

SUR

LA PROVINCE D'ORAN.

PREMIÈRE PRTIE.

—

Des causes du peu de succès de la colonisation
dans cette province.

§ 1. — En quittant les bords de la Méditerrance et
en se dirigeant d'Oran vers le sud de la province, on
gravit quatre plateaux successifs dont le dernier, prenant naissance à la hauteur du poste de Daya, situé, à
vol d'oiseau, à trente lieues de la côte, s'étend jusqu'au
grand Atlas.

Derrière ce dernier rempart et à l'endroit où expire
son versant méridional, descendent de longues lignes
d'oasis où se trouvent, au milieu de forêts de dattiers,
des villages fortifiés. Le pays cultivable finit à la lisière

du grand désert, dont les sables sont aussi bas que le niveau des mers, et au milieu desquels une certaine population trouve des moyens d'existence.

La démarcation des plateaux est formée par les chaînes du petit, du moyen et du grand Atlas, entre lesquelles ils s'étagent parallèlement à la mer, semblables à d'immenses gradins d'amphithéâtre. Dans le centre de la province, occupé par les arrondissements d'Oran et de Bel-Abbès, cette configuration topographique est très-accusée. Elle l'est moins vers l'est, où se trouvent les arrondissements de Mostaganem et de Mascara, et beaucoup moins vers l'ouest, dans la région très-montagneuse que commande Tlemcen. Nulle part, les longues marches qui, à partir de la mer, conduisent à la zone des hauts plateaux, ne se dessinent d'une manière plus heureuse que sous le méridien de Bel-Abbès.

Nulle part, si ce n'est entre Bône et Souk-Arras, on ne voit deux plaines maritimes aussi largement dévoloppées que celles du Sig et de Meleta, se relier avec une immense plaine centrale comme celle de Bel-Abbès, par des vallées traversées de cours d'eau, le Sig et le Tlélat, et s'étendre majestueusement entre le petit et le moyen Atlas, puis celui-ci s'ouvrir pour conduire sur les hauts plateaux par des vallées spacieuses qu'arrosent la Mekerra et le Télagr.

Telles sont les différentes zones de terres de la colonisation oranienne. La première, qui pourrait recevoir le nom du littoral, traverse six lieues de plaine et deux lieues de montagnes, jusqu'au sommet du petit Atlas. La seconde, que nous pourrions nommer zone intérieure, a dix lieues de largeur ; elle va jusqu'au moyen Atlas. La troisième, large d'une douzaine de lieues, peut être nommée zone montagneuse. Enfin la quatrième, dite zone des hauts plateaux, d'une profondeur approximative de trente lieues, forme une immense plaine concave qui s'arrête au pied du grand Atlas.

Dans la première zone, le sol est généralement à moins de cent mètres au-dessus du niveau de la mer : dans la seconde, il s'élève à 5 et 600 mètres ; dans la troisième de 1000 et 1200 mètres, dans la quatrième enfin la chaîne du grand Atlas atteint jusqu'à 2000 mètres.

Par suite de cette disposition des lieux, la température s'abaisse et le climat se refroidit à mesure que l'on s'avance jusqu'à une distance de soixante lieues vers le sud. En effet, de novembre en avril, tandis qu'une chaleur de vingt-cinq degrés se fait sentir sur le littoral, les sommets du moyen et du grand Atlas sont souvent couverts de neige. C'est un sujet d'étonnement pour l'Européen, nouvellement débarqué, car il peut quitter la contrée du littoral et du soleil et atteindre dans une journée la région des frimats et des neiges qui blanchit à l'horizon.

On comprend que de là proviennent ces écarts de température, de saisons et de produits dans chacune des zones où se cultivent la plupart des denrées de toutes les latitudes du globe.

Un des effets de cette variété de climats sur des points très-rapprochés, est que l'époque des moissons y est plus ou moins avancée, selon leur latitude, et il en résulte ce fait économique très-avantageux que les mêmes travailleurs peuvent se porter successivement d'une zone dans l'autre pour accomplir les mêmes travaux. On en induit encore que les commodités de la vie s'accroîtront dans le pays, lorsque les contrées élevées seront ouvertes aux Européens par la culture, le commerce et l'industrie.

Elles échangeront alors leurs produits de saisons moins avancées avec le littoral, qui les approvisionne à son tour de ses primeurs.

En outre, l'inclinaison des terres dans les zones du Tell algérien, où elle atteint souvent dix millimètres par mètre, lorsque la pente du sol n'est généralement dans les autres parties du globe que d'un demi-millimètre par mètre, offre la ressource précieuse pour le grand nombre d'industries qui pourront prospérer dans la colonie, de permettre d'établir une foule d'usines sur les rives des cours d'eau.

Ceux-ci se dirigent tous, à l'exception du Chélif; du sud au nord. Cette direction est aussi celle que suivent généralement les marchandises. Elle devra nous servir de guide dans l'installation des populations, des routes et des chemins de fer.

Si maintenant nous cherchons un de ces points tempérés placés entre la chaleur et le froid, que les hommes adoptent pour y fonder des villes populeuses et y placer le siége de leurs gouvernements, nous trouvons ces conditions réunies dans la zone intérieure, qui y joint l'avantage d'être le centre de toute la région.

§ 2. — A notre arrivée dans la province d'Oran, nous avons trouvé un système d'occupation militaire adopté par les Turcs et dont la ville d'Oran était le centre.

N'ayant en vue que la domination sur les tribus par la force, n'ayant jamais songé à coloniser le pays, à améliorer son organisation, son agriculture, son commerce et son industrie, les Turcs ont peut-être eu raison de conserver à Oran le centre du commandement.

Nous-mêmes, en occupant le pays, nous avons conservé ce qui existait, et les résultats de la guerre ont prouvé que nous avions bien fait.

§ 3. — Mais aujourd'hui que la guerre est terminée pour longtemps ; aujourd'hui que nous devons nous occuper de créations durables, desquelles dépend l'avenir de la province, n'est-ce pas un devoir d'examiner si le chef-lieu, qui était un bon centre militaire, restera aussi un chef-lieu avantageux pour la colonisation ; si c'est vraiment le point désigné par la nature pour le commerce d'importation et d'exportation ; par suite, si c'est vers lui que l'on doit faire converger le réseau des routes carrossables et des voies ferrées que l'on projette.

Nous ne le pensons pas. Nous regrettons les sommes considérables que l'on a déjà dépensées d'après cet ordre d'idées que nous regardons comme une erreur, et c'est dans l'espoir d'arrêter de nouveaux et inutiles sacrifices, que nous allons donner quelque développement à notre opinion.

§ 4. — Au point de vue des communications avec la mer, Oran est un mauvais port dont le procès est fait depuis longtemps. Nous croyons n'avoir pas besoin d'insister sur ce point : nous nous contenterons d'ajouter que, même avec de très-grands travaux et de très-grandes dépenses, on n'arrivera jamais à n'en faire qu'un port médiocre, bien au-dessous de l'importance que doit acquérir un jour le chef-lieu de la province.

Au point de vue des relations avec l'intérieur, nous voyons qu'Oran est à 132 kilomètres de Tlemcen, à une distance presque égale de Mascara, à 84 kilomètres de Sidi-bel-Abbès; et que, pour arriver de chacun de ces centres principaux à Oran, il faut quitter les vallées, artères naturelles d'une colonisation riche et facile, et traverser une zône sans eau courante, d'un peuplement plus difficile et d'une fécondité évidemment moins grande.

§ 5. — L'examen de la carte nous montre le pays partagé en deux vallées principales qui ont leur naissance sur les hauts plateaux et se jettent à la mer sous les noms de Macta et de Tafna, après avoir arrosé un parcours important et avoir reçu de nombreux affluents.

Ces deux vallées laissent entre elles une sorte de triangle beaucoup moins favorisé sous le rapport des eaux dont il est totalement dépourvu sur des surfaces très-vastes.

L'idée la plus naturelle de colons nouveaux venus, serait évidemment de se répandre dans les vallées en négligeant d'abord le triangle qui se peuplerait forcément plus tard, lorsque les centres créés dans les vallées auraient pris de l'extension, et auraient senti successivement le besoin de s'étendre au dehors.

Les routes naturelles de ces colonies vers la mer, eussent été les vallées elles-mêmes, et elles eussent en effet trouvé aux deux embouchures de la Taffna et de la Macta, deux ports bien supérieurs à celui d'Oran, et sinon bons, au moins suceptibles de le devenir.

Ces deux ports sont ceux de Rachgoun et d'Arsew. Les Romains, dont nous reconaissons les conceptions si justes, y avaient créé des établissements dont l'importance nous est révélée par l histoire et par de grandes ruines que nous n'avons pas rencontrées à Oran.

§ 6. **Tlemcen.**— La seule route qui relie Tlemcen à la mer, se dirige sur Oran en traversant des terrains sans eaux, montagneux, sablonneux, couverts de palmiers et de broussailles, peu colonisables, tandis que la vallée de la Taffna conduit directement par un trajet de 48 kilomètres seulement, d'une pente douce, uniforme, à travers un pays arrosé et fertile, à Rachgoun, où plusieurs îles facilitent la création d'un beau port qui a existé du temps des Romains, et que recommande le voisinage du Maroc et de Gibraltar.

En effet, les ruines considérables que l'on remarque sur la rive droite de la Taffna, près de son embouchure, proviennent d'une ville nommée Siga qui fut la résidence de Syphax, roi des Numides Massésyliens ; d'autres ruines et des traces de voie romaine bordent aussi le cours de ce fleuve.

Quelle riche colonisation eussent pu recevoir les plaines que baigne la Taffna et ses principaux affluents, l'Isser et la Safsaf, qui baignent le territoire de Tlemcen à l'est et à l'ouest, sans compter une infinité de courants secondaires arrosant autant de vallées colonisables !

L'eau, premier élément de la richesse de l'Algérie, se trouve en profusion à Tlemcen et dans tous ses environs.

La colonisation se fût facilement étendue de Tlemcen au littoral, et eût ensuite rémonté dans la chaîne montagneuse vers les hauts plateaux.

Aïn-Témouchen et la future ville d'Hadjar-Roum. — Sur l'Isser, à Hadjar-Roum et à Aïn-Témouchen, les traces d'une voie romaine indiquent que les anciens habitants de ces vallées, allaient embarquer à Rachgoun — Sigensis — et à Camarata, port plus rapproché et aujourd'hui ensablé, qu'avoisinent des ruines considérables.

Les anciens avaient donc relié ces colonies à la mer par des voies très-courtes, parcourant un terrain fécond ; tandis que leurs modernes habitants sont grevés des frais qu'entraîne un trajet long et difficile dans un pays aride pour aboutir à Oran.

Dans le centre de la province, à Sidi-bel-Abbès et à Mascara, le cours de Sig et le cours de l'Habra indiquaient suffisamment la direction à suivre pour relier ces deux villes à la mer.

Sidi-bel-Abbès. — La route partant de Sidi-bel-Abbès devait suivre le cours du Sig ou Mékerra dont les rives présentent des territoires superbes à coloniser jusqu'à la ville du Sig, et de là, conduire directement à Arzew en passant près des salines et en traversant l'immense plaine arrosable qui portera un jour une population dense jusqu'aux portes de ce grand port.

Cette voie ne présentait aucune difficulté d'établissement, car elle se déroule constamment en plaine, même dans la vallée de Mékerra.

Elle fût devenue une des voies les plus fréquentes et les plus riches de la province par les raisons que nous exposerons plus loin, et parce qu'elle eût offert la ressource de belles terres et de bois d'oliviers à exploiter sur tout son parcours, comme de nombreuses chutes d'eau pour fonder des usines.

Mascara. — La route partant de Mascara eût dû suivre la rive droite de l'Habra, jusqu'à l'embouchure de la Macta où elle se fût bifurquée d'un côté sur Arsew, de l'autre sur Mostaganem.

Cette voie eut acquis aussi une grande importance, parce qu'elle eût desservi toute la grande plaine arrosable de l'Habra, si nue jusqu'à cette heure, et qu'elle eût attiré l'attention sur le cours supérieur de cette rivière, qui offre ssi de grandes ressources pour la colonisation à partir des oints de jonction de ses quatre principaux affluents qui onnent, comme les affluents de la Taffna, une grande aleur à la troisième zône de la colonisation de la province.

Mais le principe admis de faire converger les routes sur Oran a toujours prévalu sur les autres considérations ; et pour satisfaire les intérêts particuliers de la population Oranaise on a sacrifié ainsi les intérêts de la province entière, en conservant des routes simplement stratégiques aux débuts de l'occupation.

Dans le cas qui nous occupe, les routes actuelles de Mascara, de Sidi-bel-Abbès et de Tlemcen aboutissent en effet à Oran par de plus longs trajets et en parcourant des territoires rebelles à la colonisation.

Mostaganem et Relizane. — En partant de Mostaganem, la colonisation comme les routes, n'ont pu entrer dans l'intérieur du pays, se dirigeant vers Orléansville et Relizane, qu'en suivant les bords du Chéliff et de la Mina.

Ce n'est donc que dans l'ouest et dans le centre de la province qu'on n'a pas placé la colonisation et les routes sur leurs voies naturelles.

Ces dernières eussent présenté l'avantage d'offrir sur place la réunion des principaux agents de la prospérité agricole : bonnes terres d'alluvion, pâturages, eau, bois de chauffage et de construction, pierres et sable ; tandis qu'au contraire, sur beaucoup de points colonisés aujourd'hui, et principalement sur le parcours des routes actuelles, ces bonnes conditions se font surtout remarquer par leur absence.

Voies romaines. — Cette manière d'entendre la colonisation n'est cependant pas une théorie enfantée à loisir et n'a pas le mérite de la nouveauté, car elle découle de la topographie des lieux qu'un peuple très-grand et très-sage avait mieux étudiée et mieux comprise que nous.

En effet, les voies romaines traversaient l'Algérie dans deux sens différents. Les unes remontaient perpendiculairement de la mer jusqu'aux confins du désert en suivant les vallées et le lit des fleuves, pour relier directement les villes de l'intérieur aux villes de la côte ; les secondes se composaient de trois autres voies qui traversaient tout l'intérieur du pays, à distance l'une de l'autre, dans une direction parallèle au littoral.

De celles-ci, la première longeait les côtes ; la seconde partant de Rachgoun passait à Aïn-Temouchen, Arbal, le Sig et Relizane, et à laissé des vestiges sur ces points comme dans quelques endroits moins connus. La troisième parcourait les régions supérieures du Tell, où elle se subdivisait en occupant les principales têtes des eaux.

On en retrouve des traces à la hauteur de Lalla-Maghnia, Tlemcen, Hadjar-Roum, Bel-Abbès, Mascara, puis sur un autre embranchement passant à Ali-ben-Youb, Ténira, Saïda et Tiaret, où existent des ruines des établissements du Peuple-Roi dont le règne est attesté jusqu'aux limites du Sahara.

Or, aucune de nos routes ne va droit à la mer en suivant les vallées des fleuves ; et c'est à peine si nous avons ébauché le tracé de quelques kilomètres de routes transversales qui relieront un jour, s'il plaît à Dieu, nos villes de l'intérieur.

Ces anomalies accusent notre insouciance ou notre

défaut de réflexion, et justifient le reproche qu'on nous fait d'être de mauvais colonisateurs.

Cependant nous sommes loin d'être inférieurs aux Romains qui nous ont laissé, en Algérie, de si utiles indications dont nous n'aurions qu'à faire notre profit.

§ 7. — Il n'y a point d'effet sans cause.

Si on recherche les causes générales de la stagnation du commerce et du peu de développement des villes de la province, on reconnaît qu'elles tiennent beaucoup à la situation trop favorable faite à la ville d'Oran sans qu'il en résulte aucun avantage pour les autres localités.

Ses priviléges sont longs à énumérer :

1° Elle est le siége de la Préfecture, de la Division et de toutes les Administrations civiles, militaires et religieuses de la province ;

2° Des tribunaux civils, criminels, de commerce et des conseils de guerre, des conseils généraux, des chambres d'agriculture et de commerce ;

3° De la banque algérienne, de la caisse d'épargne et des dépôts et consignations, des compagnies particulières comme des transports maritimes ;

4° Des établissements principaux d'enseignement laïques ou cléricaux ;

5° Des approvisionnements de défenses, de matériel et de vivres de l'armée, comme des archives civiles et militaires de toute nature ;

6° Des états-majors de tous les services militaires et

d'une garnison de toutes armes disproportionnée avec son importance réelle ;

7° Des grands hôpitaux civils et militaires, des orphelinats et des maisons de refuge, d'arrêt et de détention ;

8° Enfin, elle est le point vers lequel viennent converger, bien à tort, toutes les routes de la province.

Elle absorbe donc les forces vitales du pays sans compensation pour l'économie et la prospérité générales, car il ne peut suffire pour assurer le sort et l'avenir d'une contrée qu'une seule ville soit prospère à force d'éléments de bien-être, et qu'elle entasse des édifices et des richesses sur un sol volcanique, sujet aux tremblements de terre, et qui peut de nouveau s'ébranler et tout engloutir, comme il advint du temps des Espagnols, en 1792.

Or, dans le corps humain, si l'estomac reçoit les aliments sans profit pour les membres, il en résulte une atonie des forces qui amène les désordres les plus graves dans la santé.

De même, Oran absorbera en vain les ressources, les faveurs et les sacrifices de toute nature dont il a jusqu'à présent le monopole ; il n'en résultera jamais aucun profit, ni aucune action utile au développement du reste du pays qui a son cancer, il faut le dire, à Oran.

On peut même ajouter que les richesses amassées par les habitants profitent bien peu à la colonisation, si elles ne nuisent même à son avancement.

En effet, cette ville étant en possession du droit d'exploiter la province à gros intérêts au moyen de la banque de l'Algérie dont un article des statuts favorise énormément les Oranais, en attribuant à eux seuls le privilége de pouvoir faire accepter à la banque des billets souscrits, faveur qu'ils escomptent aux emprunteurs à 2 et 3 p. 0/0 par mois, il en résulte que l'intérêt du numéraire en circulation, comme une partie de la valeur locative des immeubles dont ils se rendent aussi acquéreurs en province à la suite d'expropriations forcées, est perçue et dépensée au chef-lieu du département au détriment de l'aisance et de la prospérité générales.

A supposer que ces abus dussent subsister au chef-lieu, s'il était transporté dans l'intérieur, ils auraient au moins ce bon effet d'exercer une heureuse influence sur le développement de toute la contrée, comme nous allons chercher à le démontrer.

Dans tous les cas, les résultats fâcheux en seraient moins sensibles, car on ne pourra jamais doter une ville de l'intérieur de tout le monopole dont jouit en ce moment Oran, puisqu'il est impossible de retirer aux ports leur commerce et le transit des populations, leurs chambres et leurs tribunaux de commerce, leurs grands hôpitaux établis en raison du voisinage de la mer et sans doute beaucoup d'autres éléments de prospérité.

Si donc les capitalistes du chef-lieu qui consacrent leurs fonds à des bâtisses dans Oran dont il ne feront jamais un beau et agréable séjour, parce que la nature des lieux s'y oppose, et ceux qui gaspillent leur argent dans sa banlieue aride et brûlée, dépensaient ces mêmes capitaux dans l'intérieur, par suite de la translation du chef-lieu, nous croyons pouvoir prédire avec certitude qu'on verrait surgir à vue d'œil la richesse territoriale, car ces personnes n'auraient que l'embarras du choix entre une foule d'entreprises plus profitables les unes que les autres pour le pays et pour elles-mêmes.

On les verrait exploiter les forêts du grand massif montagneux peuplées d'essences propres à la charpente et à l'ébénisterie, que l'État laisse perdre ou dévaster, et les forêts d'oliviers, nombreuses dans ces parages; on verrait s'élever des magnaneries et des filatures de soie pour utiliser les mûriers plantés sur les terrains arrosables; créer des distilleries, des fabriques de sucre, des moulins à blé, à huile, à garance, des foulons, des lavoirs et des filatures de laines, voire même des fabriques de couvertures et de gros draps; des fabriques de papier alimentées avec le diss, l'alfa et le palmier, et toutes autres usines mues par l'eau, telles que scieries de marbres, de bois et autres que l'on ne peut fonder sur le littoral privé de chûtes d'eau, et qui donneraient l'essor aux cultures; ainsi le lin, le colza, la betterave, le sorgho, la garance; auxquelles nous devrons plus tard une partie de la richesse du pays.

§ 8. — D'autres part, la répartition des troupes, comme elle existe, ne nous paraît pas faite en vue d'amener la sécurité du pays et de développer la colonisation.

Il nous semblerait convenable de la modifier en abandonnant les errements d'un passé qui a fait son temps, afin d'arriver plus sûrement à ces deux résultats.

Les troupes sont trop concentrées dans quelques villes

du littoral, — Oran et Mostaganem , — qui possèdent à elles seules la moitié des forces d'occupation de la province, lesquelles seraient beaucoup plus utiles dans l'intérieur. En temps de paix, une batterie d'artillerie, un ou deux bataillons d'infanterie et autant d'escadrons de cavalerie suffiraient dans chacune de ces villes.

Cette remarque se justifie par le malheureux sort fait à Arzew, qui n'a pas même une compagnie pour garnison, bien que son port ouvert et encore peu défendu et son immense plage offrent les endroits les plus favorables à un débarquement, et quoiqu'elle ait la valeur réelle bien autre qu'Oran et Mostaganem, comme nous essaierons de le prouver dans une étude séparée.

Ces deux villes pourraient-elles, d'ailleurs, se plaindre justement de ces retranchements de garnison , leur commerce devant grandir en proportion du développement de l'intérieur du pays, qui dépendra en grande partie de la quantité de bras à bon marché mis à sa disposition et de la somme de numéraire mise en circulation.

Les troupes constitueraient un levier puissant pour accroître le peuplement et la richesse de la 2e et 3e zone du Tell algérien, qui, fortement peuplées, protégeraient efficacement et enrichiraient la première , tandis qu'en n'accordant nos faveurs et notre attention qu'à la zone du littoral, nous avons le tort de délaisser les autres sur lesquelles elle a peu d'influence.

Quant à la question de sécurité du littoral, elle dépend principalement de l'armement convenable des ports ; mais cette question n'a pas même été étudiée par les hommes compétents, l'artillerie et le génie de la marine n'étant pas encore représentés dans la colonie, qui devrait former le 6e arrondissement maritime.

Au reste, en cas de guerre maritime, les milices déjà nombreuses dans les principaux ports permettraient aux troupes de l'intérieur, éloignées seulement de trois ou de quatre étapes, d'accourir à temps pour la défense des côtes.

Nous sommes d'autant plus persuadé que le peuplement de l'intérieur, c'est-à-dire de la masse du pays, et la marche des travaux publics, se ressentiraient d'une plus forte répartition des troupes dans cette partie de la province, que les populations, comme on a pu le remarquer, s'agglomèrent et naissent, pour ainsi dire d'elles-mêmes, près des garnisons et des campements militaires.

Avec leur aide, les routes, les canaux, les barrages s'ouvrent ou se créent plus promptement et s'achèvent à peu de frais.

Or, après quinze années de paix, les routes principales, qui seront les traits-d'union entre les chefs-lieux d'arrondissement, ne sont pas même tracées, et la colonisation se trouve forcément restreinte au cercle étroit de leurs banlieues respectives, sans pouvoir s'étendre du territoire d'un arrondissement à un autre.

Ainsi, Sidi-Bel-Abbès, placé au centre d'une plaine dont Mascara et Tlemcen occupent les deux extrémités, se trouve parfaitement séquestrée d'avec ces deux villes, avec lesquelles elle a moins de rapport qu'avec Alger.

La tranquilité du pays serait encore plus assurée si les autorités militaires supérieures étaient réparties avec le gros des troupes dans l'intérieur, car ce n'est pas sur le littoral qu'on peut appréhender des mouvements chez les indigènes, auxquels on en ôterait jusqu'à l'idée et la possibilité en pratiquant la mesure proposée.

La division devrait donc avoir son centre dans l'intérieur, à peu près à égale distance de toutes les villes de la province qui rayonnent autour d'elle.

Dans cette position: elle présenterait l'avantage de placer l'autorité sur un point moins éloigné des centres de Subdivisions et de la masse arabe , comme sur un terrain plus élevé d'où le commandant-supérieur de la province sentirait s'élargir l'horizon de ses vues colonisatrices, peut-être trop restreintes par l'horizon borné de la ville d'Oran, située dans un fond de fosse.

Dans ce nouveau site, le Général serait incontestablement plus à même d'apprécier les ressources du pays et d'étudier leurs développements dans tous les sens.

D'autre part, le va-et-vient de tous ceux qui auraient à faire à lui ou à ses bureaux, ferait que le pays serait alors traversé dans toutes les directions, et serait beaucoup plus connu par une foule de personnes qui ne tarderaient pas à populariser ses richesses et à solliciter leur exploitation.

Aujourd'hui, ces mêmes personnes se rendent à Oran pour ces mêmes motifs, mais leurs déplacements ne portent aucuns fruits , parce que les routes convergeant vers un même point du littoral, ne font nullement connaître l'intérieur du pays. C'est ainsi que , jusqu'à ce jour , la majeure partie de l'immense triangle dont Arzew, Tlemcen et Mascara forment les angles se trouve à peu près en dehors de toute circulation.

§ 9. — Nous pourrions suivre les mêmes raisonnements à l'égard de l'administration civile.

Nous nous contenterons de faire remarquer qu'il semblerait plus rationnel de placer le centre des services des forêts et des mines près des grosses chaines de l'Atlas qui commencent en arrière de Tlemcen, Bel-Abbès et Mascara, que de laisser les chefs de ces services user inutilement leur temps et leur bonne volonté sur les bords de la mer, au seuil de grandes plaines dénudées, l'un à garnir d'une végétation atrophiée la montagne de Santa-Crux, et à repeupler la forêt imaginaire de Muley-Ismaël, l'autre à surveiller quelques exploitations dans de petits chainons de montagnes avoisinant Oran et Cristel.

C'est dans le grand Atlas que sont nos grands bois et les sources de nos rivières, et c'est là aussi que doivent se trouver de forts gisements de métaux.

En général, l'influence des chefs supérieurs de tous les services publics serait plus efficace si ces chefs résidaient au centre du pays, en raison de ce qu'ils seraient plus à portée pour surveiller et diriger leurs subordonnés, comme ils pourraient plus facilement se rendre compte par eux-mêmes d'une foule de choses qu'ils auraient pour ainsi dire sous les yeux.

En cherchant de nouvelles preuves pour fortifier notre opinion, nous avons, en dernier lieu, supposé que la province finirait pour se peupler fortement, ou que son peuplement resterait au contraire stationnaire.

Si le premier cas se réalise, nul décret, nul arrêté, nulle force protectrice ne pourraient empêcher Oran de déchoir, car les raisons économiques qui régissent le commerce et l'agriculture devraient finir par prévaloir, et auraient inévitablement pour effet de rendre forcément leur importance réelle à tous les ports de la côte, et de régler avec justice le rôle naturel de chacune des subdivisions qui composent la province.

Nous avons développé ce résumé de nos réflexions sur l'ensemble de la partie matérielle de la colonisation dans une autre étude spéciale à un arrondissement qui lui sert de complément, en cherchant toujours à nous rendre compte des besoins et des aspirations réelles de la province, auxquels il importerait de donner satisfaction au plus tôt, afin d'arriver à la coloniser, à la dominer et à l'administrer convenablement sans surcroît de dépenses.

§ 10.— Sous le règne précédent, la famille du roi et la nation française ont seules forcé à maintenir l'occupation de la colonie, qui n'était aux yeux de Louis-Philippe, de son entourage et de ses ministres, qu'une lourde charge sans avantages pour la métropole, et un sérieux motif d'embarras dans la conduite de nos relations diplomatiques.

Que des fautes graves, que des crimes de lèze-nation aient alors été commis au préjudice des intérêts de l'Algérie conservée à contre-cœur par le gouvernement, cela s'explique jusqu'à un certain point. On voyait peut-être alors à regret la colonisation s'étendre en même temps que l'occupation; mais, de nos jours, sous l'empereur Napoléon, qui a relevé si haut l'honneur national, et après trente-trois années de sacrifices, nous n'avons plus les mêmes craintes, nous ne devons plus laisser subsister les mêmes erreurs, ni agir contre nos intérêts.

Cependant, bien de choses sont encore à reprendre dans notre système défectueux de colonisation, du moins dans notre province ; et comme il est du devoir de tout citoyen aimant son pays, d'aider de ses réflexions les dépositaires du pouvoir qui peuvent errer involontairement sur le choix des moyens propres à développer une colonie naissante, nous avons précédemment mis au jour les erreurs qui nous paraissent commises dans les directions données à nos routes, et nous relèverons, dans cet écrit, les vices du tracé du chemin de fer en projet, et le classement de nos ports.

Dans la province de Constantine, le tracé d'un chemin de fer entre Philippeville et Constantine était nonseulement rationnel, mais il sera, entre tous les autres, le plus utile et le plus fructueux.

Constantine, chef-lieu central et peuplé de la province du même nom, est le plus grand entrepôt de toutes les immenses régions qui l'entourent, et exercera, après cette création, une influence encore plus active sur le peuplement et le commerce des territoires et des cités qui en dépendent, dont quelques-unes, telles que Sétif, Tebessa et Lambessa, ont compté dans leurs murs de trente à cinquante mille habitants.

Dans la province d'Alger, le tracé d'Alger à Blidah desservira la vallée du Haut-Chélif, les villes de Médéah, Aumale, Blidah, la plaine de Métidja, et enfin les nombreux et riches établissements qui forment déjà la banlieue d'Alger.

Mais, dans notre province, a-t-on consulté la raison et les lois économiques en prenant Oran ou Mers-el-Kébir pour têtes de chemin de fer, et en faisant suivre à cette voie une ligne parallèle à la mer, à quelques lieues des côtes.

Nous ne le pensons pas, et nous dirons encore qu'on aurait le droit de combattre, même après exécution, la drection d'un chemin de fer parallèle à la mer à petite distance des côtes, de même que la fausse direction de quelques-unes de nos routes, car ce serait vouloir tuer d'avance le cabotage sans lequel nous n'aurons jamais de marine ; et il est, en outre, si monstrueusement impolitique et si injuste de créer des obstacles à l'essor naturel d'un pays, et de vouloir ruiner à coup sûr d'autres villes dignes de considération, dans le seul but d'assurer la prospérité d'Oran, qu'il n'y a pas d'homme qui oserait blâmer des citoyens de désirer la destruction des rails causes de leur infortune. Déjà Mostaganem, s'effrayant du monopole commercial que le prolongement immédiat de ce tracé jusqu'à Relizane réserverait à Oran, a offert de fortes cotisations pour aider à la construction d'un bassin et à l'étude d'une ligne secondaire aboutissant à son port.

Aussi, en exécutant le tracé proposé, on se mettra dans le cas d'entendre les réclamations incessantes de ces villes qui n'auront un terme qu'autant qu'on accordera à chacun des autres ports une ligne d'embranchement à la ligne principale qui, elle-même, sera une superfluité et une lourde charge en raison de son peu d'utilité.

De quelle utilité serait, en effet, un chemin de fer longeant le littoral, lorsque voyageurs et marchandises suivent généralement une direction diamétralement opposée? Les produits sahariens et ceux de nos villes de l'intérieur ne tendent-ils pas à se rendre à la mer par les lignes les plus courtes; et vice-versâ, les denrées expédiées des ports vers ces régions?

' D'ailleurs, les cultivateurs habitant entre la ligne du chemin de fer et la côte, renonceront-ils à l'économie qu'ils ont de porter eux-mêmes, en quelques heures et avec leurs propres attelages, leurs produits à la côte pour leur faire parcourir des distances plus grandes sur une voie de fer afin d'atteindre un autre port?

Ces faits incontestables proviennent de ce que des produits similaires, ou à peu près, se cultivant dans tout le Tell algérien, il existe peu d'objets d'échange entre les différents centres envisagés dans le sens du littoral, et que presque tout notre commerce a lieu par l'intermédiaire des ports avec les autres nations.

D'autre part, le peuplement et la colonisation seraient-ils accélérés dans la masse du pays, que ce tracé, le long des côtes, laisserait en dehors de son influence et de son cercle d'action?

Evidemment non; et l'espoir que nous donnait dernièrement un journal du chef-lieu de voir l'autorité s'occuper, un jour, des routes et des villes de l'intérieur constituant aussi la province, s'étendra probablement au chemin de fer qui pourrait les rapprocher de la côte, mais dont on fera attendre la réalisation indéfiniment. Le tracé erroné du littoral ne faciliterait pas non plus le transport de nos troupes à la frontière du Maroc. Celui que nous proposons permettrait d'y réunir les troupes de notre province sans fatigues et instantanément, comme de les porter promptement sur un point du littoral attaqué.

En un mot, l'exécution du tracé longeant le littoral serait une école de plus à ajouter à toutes celles que nous avons faites. Elle occasionnerait des dépenses qui n'amèneraient que de mauvais résultats sans profit aucun.

§ 11. — Ce n'est cependant pas ainsi que MM. O'Mac-Carthy, Warnier et autres, auteurs des premiers projets de chemins de fer algériens, ont expliqué le tracé à suivre dans notre province ; car ils s'appuyaient principalement sur les avantages qu'il procurerait à l'intérieur du pays en passant par les villes de Tlemcen, Bel-Abbès, Mascara et Relizane, et nous ne différons avez eux que sur la ligne de raccord avec la mer.

Ce serait d'autant plus le cas de réparer la faute qu'on a commise en négligeant d'ouvrir la province par le milieu, au moyen d'une route tracée dans la belle vallée du Sig ou Mékerra, de Bel-Abbès à Arzew, que cette voie ferrée éviterait la dépense immédiate d'une route tout-à-fait indispensable et qui devrait être faite depuis longtemps.

Les journaux, l'intérêt d'une ville, l'appui d'autorités qui épousent des intérêts locaux ou qui n'apprécient que des avantages momentanés , d'habiles combinaisons peuvent donc pervertir les meilleures intentions. Nous en donnons pour preuve les études mêmes du projet et l'exemple qu'offrent les autres provinces, où ces voies ne chemineront pas à quelque lieues des côtes, mais s'enfonceront dans l'intérieur pour s'étendre ensuite latéralement à la mer.

Ce serait donc dans le second bassin de colonisation de notre contrée, plus vaste que celui du littoral, que devrait se dérouler la grande artère, après qu'une première ligne partant de la mer aurait plongé dans l'intérieur. Ainsi, selon nous, la première ligne à établir dans notre province devrait être celle d'Arzew à Sidi-Bel-Abbès, qui serait ensuite reliée d'un côté à Tlemcen, de l'autre à Mascara et Relizane, où viendrait se souder la ligne d'Alger. De la sorte, on ferait disparaître la distance qui sépare l'intérieur de la province des bords de la mer, et on rendrait, en effet, un service signalé au pays. Plus tard, un embranchement partant de Relizane pourrait aboutir au port de Mostaganem, et un autre relier Tlemcen au port de Rachgoun.

Sur les côtes, la mer seule doit, sans frais, nous servir de chemin de fer.

L'intérêt maritime, supérieur peut-être à tous les autres en Algérie, nous en fait aussi une loi, car si le pays se peuple et se colonise fortement, qu'aurons-nous besoin d'autres troupes que la marine? mais sans cabotage et sans marins point de marine.

En agissant autrement, nous pourrions regretter, un jour, de n'avoir pas suivi l'exemple des autres provinces. Nous aurions froissé les intérêts du plus grand nombre en entravant également l'essor de la marine, du commerce et du peuplement par le tracé d'un chemin de fer sur le littoral; et cependant le littoral n'aurait qu'à gagner beaucoup au développement de l'intérieur dont dépendra l'importance du commerce des ports.

Il ne s'agit plus pour nous de combattre un projet, mais de voir quelle est la meilleure marche à suivre pour l'exécuter en évitant une partie des graves inconvénients que nous avions signalés dès l'apparition de l'idée des chemins de fer en Algérie. Pour éclairer encore cette question, nous allons étudier la valeur relative de nos ports considérés sous le double point de vue de leurs ressources respectives et de l'effet utile qu'ils sont susceptibles de produire.

Néanmoins, nous craignons bien que le passage suivant de l'exposé des motifs des chemins de fer algériens, présenté par le gouvernement au Corps législatif, ne soit, comme l'opinion que nous soutînmes dans le conseil de la province, qui semble y être résumée, la critique vraie de l'établissement actuel de nos chemins de fer.

Cet exposé dit : « Les hommes connus par leur expé- « rience et leur habileté dans l'organisation des chemins « de fer et dont le concours eût été le plus utile, ont re- « fusé de s'associer à un système qu'ils regardent comme « ruineux pour le présent, sans avenir, et comme insuf- « fisant pour les besoins de la colonisation de l'Algérie; « ils s'appuient à cet egard sur l'expérience des chemins « de fer exécutés sur le continent européen. »

Un brave et loyal général auquel nous lûmes une réfutation improvisée de ce système durant l'intervalle des séances du Conseil général auquel il assistait assidûment, nous répondit :

« J'étais tout dévoué à soutenir le projet des chemins de fer en Algérie, parce que je sens la nécessité d'employer un moyen puissant qui puisse sortir ce pays de l'état où il est, et je n'entrevoyais que celui-là.

« Vous me demandez à présent mon opinion après la lecture que vous venez de me faire. Je serais bien embarrassé de vous la faire connaître, car vous euvisagez le système sous tant de faces auxquelles je n'ai jamais songé, et vous faites tant d'objections qui me semblent sérieuses, que je ne puis que vous répondre : « Lisez ces « observations au Conseil ; elles seront discutées, et nous « verrons ce qui en résultera. »

Dans la même journée, le Conseil entendit cette lecture, mais il passa outre en allant immédiatement aux voix.

Voilà donc comment beaucoup de questions sont étudiées et éclairées : de grâce, étudions encore celle-ci, du moins quant au tracé qui nous semble mauvais à première vue.

§ 12. — La controverse animée qui dure depuis plusieurs années entre les parties adverses et intéressées aux ports d'Oran et de Mers-el-Kebir, réclamant pour chacun d'eux le privilége d'être le grand port de commerce de la province, ne s'étayant que sur des motifs particuliers et locaux sans portée pour le bien général du pays, et les discussions que cette question a engendrées n'ayant pas eu de base solide, ont jusqu'à présent été dénuées et d'intérêt et de vérité.

S'il en eût été autrement, le bon sens public et le tact

des représentants du pouvoir eussent depuis longtemps terminé ce procès auquel se lient les intérêts généraux du pays.

Des considérations bien faibles militant donc en faveur de chacun de ces ports qui se disputent l'avantage d'être la tête du chemin de fer, il nous a paru sage, même durant l'exécution des premiers tronçons, de continuer à étudier ces projets, et de peser de nouveau les droits d'Oran, de Mers-el-Kebir et d'Arzew, à remplir cette fonction dans notre province.

La petite ligne d'Alger à Blidah est un moyen d'essai pratique, la pierre de touche de la question. On pourra, par comparaison, prévoir ce qui attend les autres fractions du réseau et distinguer plus nettement plusieurs parties du projet que l'on a arrêtées sur des données un peu confuses qui pourront être modifiées.

Ainsi, nous pensons que, pour la province d'Oran, l'importance d'Arzew, que nous ne cesserons de préconiser comme le meilleur port de commerce, sera enfin reconnue, et que l'on se décidera à en tirer tout le parti et tous les services que l'on peut en attendre.

Nous voyons, sur notre littoral, se dessiner en face du centre de la province deux golfes prononcés, les golfes d'Oran et d'Arzew; et sur chacun d'eux, s'élever deux cités maritimes : Oran et Mers-el-Kebir, Mostaganem et Arzew.

Oran, par son commerce et sa population, l'emporte sur Mers-el-Kebir, simple village adossé à une citadelle qui n'a de valeur qu'en raison de son port, refuge et station forcés des navires à destination d'Oran qui n'est pas susceptible d'avoir un bon port.

Mostaganem, admirablement situé au débouché de riches contrées, est encore moins favorisé qu'Oran au point de vue maritime. Sa côte droite, exposée à tous les vents, et ses eaux profondes, rendraient la construction de jetées très-coûteuse et d'un grand entretien, et la cité bâtie sur le faîte d'une montagne élevée ne trouve que dans le port d'Arzew, un abri sûr pour ses navires de commerce.

Ces trois places ont donc des défauts capitaux qui déprécient fortement leurs avantages particuliers.

Il ne nous restait qu'à examiner si Arzew possède les conditions favorables à la création d'un grand port de commerce.

Les recherches auxquelles nous nous sommes livré sur les lieux ayant répondu à notre attente, nous ferons ressortir les avantages de ce port, et nous mettrons en évidence les contrastes accusés que présentent ses rivaux.

Quant à l'anse de Rachgoun, nous n'insisterons pas sur la nécessité d'y fonder un port, car il est le seul débouché possible des produits de la belle contrée de Tlemcen dont le peuplement dépendra de cette création.

Tlemcen, par sa position militaire la plus importante de la province de l'ouest, et par sa situation qui l'appelle à devenir l'un des principaux marchés intérieurs, en raison des relations qui pourraient être ouvertes avec le Maroc, et aussi en raison des ressources propres à son beau territoire, est un des centres de l'Algérie qui mérite le plus de fixer l'attention.

Ancienne capitale d'un royaume dont la splendeur s'est éteinte par suite de la dégénéresce de la race Arabe et par suite des révolutions politiques, nous avons tout intérêt à la reconstituer fortement, une guerre avec le Maroc pouvant nous donner occasion et nous mettre en droit de reprendre ses anciennes frontières qui touchaient à la Moulouia en comprenant le pays de Beni-Snassen.

Quelques forts construits dans leurs montagnes, maîtriseraient ces Kabyles turbulents et nous donneraient accès dans l'empire marocain.

Nous nous référons d'ailleurs à ce sujet aux explications données dans l'étude précédente.

Nous n'hésitons pas non plus à déclarer que nous regardons l'établissement complet d'un grand port de commerce dans notre province comme un projet encore intempestif, cette dépense et plusieurs autres qui ont été réclamées, pouvant, sans préjudice aucun, être ajournées jusqu'après l'exécution d'autres travaux véritablement productifs.

Les principales dépenses sérieuses à faire par l'État en faveur des intérêts de l'Algérie sont, pour le moment, l'achèvement des routes principales et secondaires, l'aménagement des eaux des rivières, leur retenue par des barrages, l'exhaussement des eaux du sol par des norias et des puits artésiens et l'armement de nos ports et de nos villes.

Hors de là, toute entreprise n'amènera qu'un progrès factice.

Le besoin de grands ports ne se fera réellement sentir qu'autant que l'Algérie pourra se dire en état de prospérité et de progrès marqués, c'est-à-dire, lorsqu'un plus grand nombre de bâtiments se chargeront de ses produits, tandis qu'ils partent le plus souvent chargés de lest et de tonneaux vides, après avoir déchargé les denrées nécessaires à notre consommation, fait qui explique le manque de capitaux en Algérie malgré les apports considérables de l'État et des particuliers.

A Arzew, la nature a fait presque tous les frais pour nous inviter à y établir notre port principal de commerce, par l'attrait qu'offrent des ressources inappréciables et une situation qui se prête admirablement au rôle qu'il devra jouer dans la colonisation du pays.

Dans tous les cas, Oran ne pourra être ce grand port, la nature n'y ayant pas marqué de port comme l'atteste son bassin déjà ensablé qui a coûté des millions ; et il serait bien surprenant que ce fût précisément dans une petite crique du golfe d'Oran, resserrée entre les falaises abruptes des montagnes de Santa-Cruz et du Château-Neuf qui masquent la vue de la ville, qu'on eût songé à établir, comme il doit l'être, le grand port commercial de la province, appelé à devenir la clef de l'Algérie après la jonction des chemins de fer français et espagnols.

En supposant même qu'Oran pût avoir un port, où formerait-on de vastes quais ? à moins de détruire une partie de la montagne qu'on a déjà trop attaquée, puisqu'il est constaté qu'elle a subi un affaissement marqué depuis notre occupation.

Les exigences irréfléchies des habitants d'Oran sont déjà cause que le Gouvernement a construit hâtivement un trop petit bassin déjà à moitié comblé, malgré la drague qui fonctionne constamment.

Elles l'ont conduit également à consentir à l'exécution d'un nouveau bassin en avant du premier qui serait comblé pour suppléer à l'absence de quais ; mais nous craignons que ce nouveau travail, qui sera très-couteux en raison de la profondeur de la mer, n'ait pas plus de résultats que le précédent, la nature n'ayant créé autour des jetées en projet, aucune protection naturelle, et, par suite de la conformation des côtes, un courant sous-marin devant exister, il exercera encore mieux que sur l'ancien, son influence pernicieuse sur le nouveau bassin plus avancé en mer, par conséquent plus exposé aux effets des mauvais temps.

Quant au port de Mers-el-Kebir qui est à huit kilomètres d'Oran, dont il est séparé par une montagne qu'on ne peut traverser qu'en tunnel, il n'est pas supposable que ce tunnel put, dans un avenir plus ou moins éloigné, desservir tout le commerce de la province bien colonisée.

On ne peut dire non plus qu'Oran pourra mériter un jour le titre de chef-lieu de la province, malgré les millions qu'on y engloutit.

Assis sur les flancs d'un ravin profond, ses quartiers seront toujours morcelés et décousus ; et les escarpements sur lesquels sont elevés ses édifices, ses places, ses terrasses étagées et étayées les unes au-dessus des autres par des murs coûteux de soutènement, comme ses rues en escaliers qui sont le désespoir des provinciaux peu habitués à ce genre de marche, en font véritablement une ville peu agréable à habiter. Encore ne rachète-t-elle pas ces désavantages pour un coup-d'œil riant, puisque bâtie au fond d'un ravin presque fermé du côté du rivage, elle n'a vue ni sur la mer, ni sur la campagne.

Ce tableau se trouve encadré par les déchirures que présente la montagne nue qui la surplombe, par l'aspect de ses teintes volcanisées et par l'effet bizarre que produisent d'anciennes et vastes fortifications en ruines, dominées et commandées de toutes parts.

Cet aspect répond peu à l'idée qu'on se fait d'un grand port et d'un chef-lieu.

Si, après avoir gravi les rues de la ville, on sort dans la campagne, elle ne présente à l'œil, à l'exception de quelques villas, qu'un pays triste et desséché, à terres rougeâtres ou crayeuses, et la plaine de Meleta qu'un pays morne et peu peuplé, coupé de lacs salés, manquant d'eau courante et d'eaux de puits souvent saumâtres ou très-profondes.

Oran, que ses journaux déclarent : *destiné par sa position géographique à devenir prochainement la ville la plus importante de la colonie*, n'est cependant selon nous, appelée à jouer ce rôle ni par la bonté de son emplacement ni par ses ressources maritimes comme le serait Arzew qui est dans la même position géographique qu'Oran.

Il doit nécessairement venir un temps où les barrières du favoritisme seront renversées par la supériorité des lois économiques qui régissent l'agriculture et le commerce. Alors la justice ayant prévalu sur les vues étroites et le mesquin intérêt qu'on porte à une ville, la colonisation des vallées amènera le déclassement des routes actuelles rayonnant sur Oran, et rendra à chaque port le commerce de la contrée qui lui correspond dans l'intérieur. Enfin, on sera forcé de reconnaître qu'on administre mieux du centre d'un pays que de l'une de ses extrémités, toutes choses qu'il serait mieux d'accepter aujourd'hui que plus tard, car plus on tardera à modifier le plan de la colonisation, plus en retardera les développements du pays; plus on fera de fausses dépenses et plus on devra léser ensuite d'intérêts.

D'autre part, Mers-el-Kebir n'est susceptible d'aucun développement comme ville, à cause du resserrement de la montagne contre la mer, et parce qu'il n'a d'issue naturelle sur aucun point.

Il serait, au reste, plus rationel que les marchandises venant de l'intérieur s'embarquassent à Oran, au lieu de faire huit kilomètres de plus pour se rendre au port de Mers-el-Kebir.

En présentant Mers-el-Kebir comme le seul grand port réalisable dans la province, on s'est basé sur les appréciations contenues dans l'ouvrage sommaire de M. l'ingénieur Lieussou sur les ports de l'Algérie. Mais cet ingénieur, qui est aussi très-favorable à Arzew qu'il a désigné comme un des meilleurs ports de l'Agérie, a parlé de Mers-el-Kebir en l'envisageant comme port militaire, et a principalement traité la question des ports au point de vue stratégique, sans l'envisager sous le rapport de l'établissement d'une grande ville et des intérêts sérieux du pays. D'ailleurs, l'armement actuel du port et de la batterie Osara est encore bien insuffisant pour protéger cette rade contre une flotte embossée entre Mers-el-Kebir et le fort Lamoun, et Saint-Grégoire comme Santa-Cruz sont trop éloignés et trop élevés pour que leurs feux soient à redouter.

Les moyens de défense d'Oran et de Mers-el-Kebir, très-étendus et partout dominés, sont par cela même difficiles à occuper, un ennemi maître de la mer pouvant à son choix se livrer à des attaques vraies ou simulées du côté de la plaine des Andalouses en s'établissant sur les montagnes dominant Oran et Mers - el - Kebir, ou en débouchant sur le port et le village de Mers-el-Kébir par la coupure du Santon, ou en attaquant de vive force les quais et le quartier de la marine d'Oran, ou bien encore en l'attaquant par un des nombreux points accessibles du côté de la campagne qui se trouve partout plus élevée que les fortifications de la ville. Du reste, Mers-el-Kebir, justement réputé par la grandeur de son port et la profondeur de son mouillage, a malheureusement une rade très-ouverte et qui exige pour sa défense des endiguements très-étendus. Aussi doutons-nous que le complément de ses travaux de défense, l'endiguement et l'appropriation de cette rade aux convenances d'un port de guerre, ne dépassent de beaucoup la supputation des dépenses évaluées en somme à quarante millions.

En outre , à Mers-el-Kebir la côte incline brusquement à l'Ouest, à partir du fort, et n'oppose aucun obstacle à l'action des vents et des courants du Nord-Ouest qui rendent l'entrée et la sortie de la rade difficile et périlleuse, tandis qu'on peut prendre et quitter en tout temps celle d'Arzew.

Une trouée assez vaste , conduisant à la plaine des Andalouses , règne aussi au pied de la montagne du Santon, et donne passage aux vents du Sud qui soufflent parfois avec une violence telle qu'elle expose à se perdre ou à subir des avaries, les navires à l'ancre lorsqu'ils ne sont pas fortement amarrés aux quais, danger qu'augmente encore l'inclinaison très-forte du fond de la rade, qui fait déraper les ancres et porte les bateaux en dérive sur les rochers du fort.

Ces inconvénients qui séraient moindres, il est vrai , pour de gros navires de guerre abrités à Mers-el-Kebir que pour les faibles navires de commerce, ne se rencontre pas à Arzew que tous les capitaines de navires marchands regardent comme le seul bon port de la province, et pour lequel ils préfèrent charger à 1 et à 2 fr. de moins par tonne que pour les autres ports.

Si les Espagnols conquirent deux fois Oran et Mers-el-Kebir pour se mettre à l'abri des déprédations des pirates, et s'ils continuèrent à se fortifier sur ces points, ils sentirent plus tard qu'une si lourde charge de garde et d'entretien était trop difficile à supporter, et ils rendirent volontairement cette ville au Dey d'Ager en

1792, en faisant avec lui un traité de paix et de garantie.

Mais, la France possède tout le pays.

Les raisons de convenances ne sont donc pas les mêmes pour décider de l'occupation et de la prééminence d'Oran sur tel ou tel port de la côte.

Notre cercle d'action s'étant immensément étendu , nos vues doivent s'élargir de même , et nous sommes loin des temps qui firent choisir la ville d'Oran comme le seul asile sûr pour nos troupes , notre matériel de guerre, nos approvisionnements, nos titres et nos archives.

Oran ne représente pas à lui seul toute la province , et il ne peut suffire, pour le développement de toute la contrée , que les décisions les plus graves soient prises dans l'intérêt de cette ville sans que le reste du pays ait le droit de s'en préoccuper.

Avant de désigner le futur grand port de commerce de la province, nous devons envisager et mettre en balance tous ses intérêts généraux.

Nous devons considérer quel sera le point le plus favorable, le plus facile à défendre, le moins coûteux dans son établissement et le plus accessible à l'importation pour la majeure partie du pays.

Or, Arzew se présente au centre de la province , donnant la main d'un côté à Mostaganem , dépourvu de port, et de l'autre côté à Oran, presque aussi mal doté par la nature.

Arzew met en outre en communication avec la mer , par les lignes les plus courtes, les vastes plaines arrosables qui l'entourent, même celles d'Egris et des Beni-

Amer sur lesquelle une ville puissante et riche, fondée dans cet endroit, aurait certes plus d'action que la ville d'Oran qui est beaucoup trop éloignée.

A l'impression de grandeur que fait éprouver la vue du port d'Arzew, on ne peut s'empêcher de joindre le sentiment d'admiration que font ressentir les belles œuvres de la nature et d'avoir un pressentiment de ses futures destinées. Ce sentiment s'accroît lorsqu'on parcourt les contrées qui l'environnent, et on se demande avec étonnement pourquoi on délaisse *un port divin*, que sa belle plage et son voisinage des terres les plus riches de l'Algérie appellent nécessairement à être un jour notre port le plus utile et le plus important.

Plus on examine, plus on réfléchit, plus on se convainc que nous n'avons pas, sur tout notre lilloral, un port naturel plus beau, plus grand, plus sûr, mieux situé et plus central qui puisse se prêter à de plus vastes et à de plus belles créations qu'Arzew comme édification d'une grande ville, et pour en faire un port de première classe qui répondrait aux besoins du commerce le plus étendu.

Si on songe même à sa valeur comme défense des côtes, on s'étonne de l'abandon où on laisse un point très-exposé par les facilités qu'il présente pour un débarquement sur une plage basse de plusieurs lieues de développement.

Aussi, au moment de réaliser le rêve de nos chemins de fer, nul port plus que celui-ci ne nous eût paru digne de fixer l'attention du public et du Gouvernement.

Oran sera toujours un mauvais port ; la cité une vilaine ville à cause de la configuration du terrain sur lequel elle est bâtie. Arzew, au contraire, s'élèverait autour du sien sur un amphithéâtre à pente douce offrant un aspect superbe , qui l'appellerait à devenir le Marseille ou le Barcelone, en d'autres termes , la perle de l'Algérie.

C'est dans ce but que paraît cette étude, et que nous nous sommes enquis des rivalités des villes voisines constamment soutenues par de forts patronages qui ont étouffé Arzew à sa naissance en lui retirant toute garnison, en lui refusant une bonne route pour communiquer à l'intérieur, et qui lui font attendre de l'eau potable depuis des années; car on n'a accordé que quelques mille francs par année pour des travaux de sondages, galeries et conduits d'eau à Arzew, estimés à deux cent cinquante mille francs.

Nous allons exposer, sur chacun des sujets qui ont été de notre part l'objet d'études faites à Arzew et aux sources qui doivent alimenter cette ville , nos propres observations et les renseignements recueillis près de personnes compétentes et dignes de créance.

§ 13. Le mouillage d'Arzew, parfaitement apprécié au point de vue de sa valeur actuelle et de son importance à venir par M. l'ingénieur Lieussou , consiste en une anse bornée au nord par une pointe rocheuee , qui se prolonge dans le sud-est à plusieurs centaines de mètres sous l'eau par une ligne de récifs , et à l'ouest par une plage basse qui s'étend à douze kilomètres à l'est jusqu'à la Macta.

La plus grande sécurité que présente le mouillage d'Arzew, comparé au mouillage de Mers-el-Kebir, s'explique par la configuration même des côtes qui dessinent un enfoncement plus marqué dans le premier de ces ports que dans le second, lequel sera plus accusé encore lorsqu'on aura profité de la ligne de récifs pour y construire une jetée.

Cette sécurité résulte aussi de ce que les côtes offrent au-delà de la pointe d'Arzew, par leur prolongement direct vers le nord,, un abri très-grand contre les vents ou les courants du nord et du nord-ouest, tandis qu'à Mers-el-Kebir la côte incline brusquement à l'ouest.

§ 14. — Une bande de terrains cultivables, à pente presqu'insensible, s'étend sur tout le contour de la plage d'Arzew, sur une largeur moyenne de mille mètres.

Elle est limitée au nord et au nord-ouest par des collines de peu de hauteur, dernière ramification du massif montagneux compris entre le cap Ferrat et la montagne des Lions ; au sud par un plateau de 40 à 50 mètres de hauteur qui s'ouvre par plusieurs ravins en pente douce sur la zône de terrains du bord de la mer et se prolonge indéfiniment dans l'intérieur.

Cette disposition sera on ne peut plus favorable à l'établissement d'une voie ferrée qui relierait Arzew à l'intérieur, soit par les terrains du bord de la mer qui s'étendent en pente insensible et sans accidents jusqu'à la Macta, seuil de riches plaines arrosables, soit par le plateau, où, après avoir gagné par un de ses ravins, une hauteur de cinquante mètres, elle courrait de plein pied vers le lac Salé et le Sig, point convenable pour le départ de la voie ferrée qui doit relier, par Sidi-Bel-Abbès, le littoral aux plateaux de l'intérieur.

§ 15. — La partie de l'anse d'Arzew, bien abritée actuellement par la pointe contre les vents du large, est d'une quarantaine d'hectares; et comme la partie la plus voisine de terre et la mieux abritée n'offre que des fonds trop faibles pour recevoir les navires, la communication a lieu au moyen d'un débarcadère, seul travail exécuté de main d'homme dans un intérêt maritime.

En outre, les nombreux navires qui fréquentaient ce mouillage, sous la domination des Turcs, s'y rendaient à vide pour y prendre des chargements de sel, de grains et de bestiaux en grandes quantités, et jetaient au hasard le lest dont ils étaient chargés. Une partie de ce lest, poussée à la plage par la grosse mer, a contribué sans doute à y former cette zône de petits fonds qui la rendent inaccessible aux embarcations; l'autre partie, jetée sur des fonds assez considérables pour qu'elle pût résister à l'action de la mer, y est restée accumulée en amas permanents qui pourraient disparaître par le draguage.

Le seul vent dangereux est celui du nord-est, qui heureusement ne pénètre que rarement au fond du golfe avec une grande violence, et dont les effets seraient annihilés par la construction des jetées.

En effet, l'établissement d'une jetée de cinq cents

mètres sur la ligne de récifs qui prolongent la pointe porterait à cent cinquante hectares la superficie de rade parfaitement abritée, ferait gagner des fonds de dix à quinze mètres d'une excellente tenue, pouvant fournir en tous temps une sécurité complète aux plus grands navires, et augmenterait notablement, sans doute, le calme du mouillage actuel et des abords du débarcadère.

Ce travail, dont les études sont ordonnées par le Gouvernement, et dont les dépenses ont été évaluées à environ deux millions, est des plus urgents.

Il suffira pour donner une sécurité complète aux navires qui viennent, pendant la mauvaise saison, chercher un refuge à Arzew, et à ceux qu'y appelleront les besoins du commerce.

L'économie de ces travaux résulterait de ce que cette digue serait assise, sur des bancs de rochers dont les affleurements visibles à l'œil se prolongent à 500 mètres, comme nous l'avons dit, et de ce fait que la montagne qui les avoisine se terminant par un affaissement graduel, faciliterait la descente des matériaux de construction au moyen de rails, et leur extraction avec toute la puissance de la mine, conditions qui ne se rencontrent ni à Alger, ni à Oran, où les carrières sont éloignées ou voisines de lieux fréquentés.

Cette disposition des lieux permettrait de donner à cette jetée une grande épaisseur très-favorable à sa solidité et à la défense.

Plus tard, lorsqu'on pourrait apprécier les effets de la jetée, il serait temps de compléter cette création par l'établissement de nouveaux débarcadères, de darses et de quais en rapport avec le développement du commerce.

M. l'ingénieur en chef de la province a proposé, pour cette époque, une darse de sept hectares entre le débarcadère et la pointe.

M. Lieussou en propose une de vingt hectares dans le sud du même débarcadère.

Peut-être ces dimensions seront-elles jugées trop restreintes, et croira-t-on devoir fermer une étendue de cent-vingt hectares par une jetée de quinze cents mètres de longueur, partant du pied de la batterie en construction dans le sud, se dirigeant au nord-est par des profondeurs moyennes de huit mètres à l'abri de la jetée de la pointe, et laissant entre elles une passe de quatre cents mètres d'ouverture, facile à franchir par tous les temps et défendue par des batteries. Cette jetée, en empêchant l'ensablement du port, se fortifierait d'ailleurs naturellement par l'accumulation des sables contre elle.

Dans l'intérieur de cet immense bassin, rendu calme par tous les temps, quelques débarcadères en bois munis de rails établis en avant des principaux entrepôts, et prolongés assez loin pour être accostés par les navires, suffiraient aux besoins du commerce le plus important. Mais tout projet de darses et de quais doit être ajourné jusqu'après l'exécution de la jetée de la pointe, qui en rendra les travaux plus faciles et plus économiques.

La construction des quais sur la zône de petits fonds qui gênent l'accès de la plage serait prématurée, avant que l'on ait assuré le calme de la rade.

Ces quais ne serviraient aujourd'hui qu'à augmenter

le ressac au mouillage; et constitueraient de véritables écueils redoutables pour les navires.

Lorsque le calme sera assuré et que les progrès du commerce donneront une grande valeur aux terrains de rive, alors il suffira de draguer une partie de ces petits fonds pour remblayer l'autre.

La dépense de ce travail sera largement couverte par la vente des terrains gagnés sur la mer.

Cependant il serait bon, dès à présent, de prolonger d'une trentaine de mètres le débarcadère actuel, pour lui faire atteindre des fonds convenables, et de ménager sur la face nord, au moyen d'une digue en pilotis d'une centaine de mètres établie sur des fonds de deux mètres. un abri d'un demi-hectare, auquel on donnerait par le draguage des profondeurs plus grandes.

Cet abri permettrait aux embarcations de l'État, à celles nécessaires aux travaux hydrauliques et aux bateaux de pêche, de rester constamment à flot sans danger, et les embarcations des navires au mouillage y trouveraient un accès facile et sûr pendant les plus mauvais temps. Ces travaux n'exigeraient qu'une dépense insignifiante par rapport à leur utilité, soit une trentaine de mille francs pour chacun d'eux.

Il n'existe pas de courant sous-marin sensible à Arzew; et le port n'a rien à craindre des ensablements, surtout si l'on construit la grande jetée du sud, qui, arrivant à des fonds de quinze mètres, arrêterait, comme nous l'avons dit, tout mouvement de translation des sables et des vases par les plus fortes vagues.

Les abords de la pointe offriraient plusieurs anfractuosités favorables à l'établissement d'un bassin de carénage.

§ 15. — M. Lieussou fait parfaitement ressortir dans son ouvrage les rôles distincts réservés aux deux rades de Mers-el-Kebir et d'Arzew, l'un purement militaire lorsque sa rade sera suffisamment fermée et défendue, l'autre surtout commercial.

La défense du mouillage d'Arzew, étudiée par le génie militaire à défaut du génie maritime, est l'objet de travaux, les uns terminés, les autres en cours d'exécution ou de modification.

Elle consiste en deux batteries protégées par des réduits crénelés; l'une est à la pointe, l'autre à dix-huit cents mètres dans le sud.

Leurs feux croisés défendent l'entrée de la rade, surtout si l'on construit les grandes jetées du nord et du sud, et en rendront le séjour impossible à tout bâtiment ennemi.

Une forte épaisseur donnée à la jetée du nord, sans augmenter considérablement la dépense, comme nous l'avons expliqué, permettrait d'en faire une véritable forteresse, qui présenterait une barrière invincible en l'armant des deux côtés, pour commander à la fois la pleine mer et le port.

Un fort, projeté en remplacement d'une tour crénelée qui dominait la place et la pointe est en construction, et contribuera à protéger le port contre toute surprise et à mettre l'ennemi dans l'impossibilité de s'y maintenir, s'il était parvenu à y pénétrer.

Cet ensemble de moyens de défense, faciles à occuper, paraît devoir suffire à toutes les éventualités.

En effet, garanti à l'ouest et au nord par un massif de montagnes qui s'étendent en pentes abruptes jusqu'à la mer, Arzew n'a à craindre qu'une attaque de vive force contre son port, ou un débarquement de troupes et de matériel entre cette ville et Mostaganem.

Quant à l'enceinte de la place, simple chemise sans valeur, elle devra disparaître ou être portée plus loin sur la crête des premiers mamelons environnants, quand le développement du commerce et de la population l'exigeront.

En supposant que la marine et le commerce aient pris pied dans cette ville, ces éléments de sa prospérité devront concourir, par les milices et les marins, à la défense de cette partie de la côte la plus accessible de toutes.

§ 17. — La ville actuelle, trop restreinte pour l'importance commerciale qui lui est réservée, trouvera dans les vastes terrains en pente très-douce qui l'environnent un espace suffisant pour ses plus grands développements.

L'existence d'Arzew, comme ville, est due à l'intelligente initiative d'un général qui avait compris l'avenir réservé à une telle position maritime.

Arzew occupe une étendue de vingt hectares : sa population est de douze cents âmes environ ; mais elle pourrait en contenir plus de huit mille, si ses maisons étaient bâties à un étage seulement.

Beaucoup d'entre elles sont même inhabitées.

L'emplacement ne manque pas pour son agrandissement ; car le terrain, en pente douce et régulière, qui s'étend de la mer au pied du plateau et de l'extrémité nord d'Arzew à la batterie du sud, est d'une étendue de deux cents hectares.

On pourrait donc y réunir une grande population qui serait dans une délicieuse position, n'ayant pas sa pareille sur le littoral algérien, en raison du coup-d'œil qu'offre la rade ayant l'aspect d'un grand lac limité à l'horizon par la ville de Mostaganem, et sur la droite par les grandes ruines de la ville romaine assise sur une colline, d'où elle commandait la plage jusqu'à la Macta.

La prospérité qui marqua les débuts d'Arzew en 1846 fut due à la présence d'une garnison importante et à celle des nombreux ouvriers attirés par la construction de la ville, qui fut édifiée en deux ans telle qu'elle est aujourdhui.

Le retrait de la garnison avant l'ouverture d'aucun débouché vers l'intérieur, et la discontinuité des travaux amenèrent brusquement un état de stagnation que les progrès lents de la colonisation tendent graduellement à modifier.

La concession gratuite de terrains à des personnes étrangères à la localité, et dont le but était de spéculer plus tard sur leur plus-value, sans dépenses faites pour les mettre en rapport, fut pour Arzew un fléau dont les fâcheux effets se manifestent encore par l'existence de lots abandonnés et de maisons délabrées avant d'avoir reçu leur entier achèvement.

La présence à Oran et à Mostaganem des principaux fonctionnaires militaires, civils et financiers, de bureaux arabes et de garnisons nombreuses , faisaient alors affluer sur ces deux points les commerçants, les colons et les Arabes.

Les approvisionnements nécessaires aux uns et aux autres s'y échangeaient naturellement contre les produits du sol. Avec les fortunes acquises s'y créaient des habitudes de commerce qui luttaient avec avantage contre des conditions maritimes défavorables et onéreuses.

Arzew, n'ayant ni garnison pour appeler un peu de commerce, ni bureau arabe pour enseigner aux indigènes la route de son port, ni fonctionnaires influents pour faire apprécier l'importance de sa position commerciale et lui faire obtenir les crédits nécessaires à son développement, ni routes ouvertes pour conduire à son port les produits de l'intérieur, ni un marché pour les y appeler, ne pouvait compter que sur les progrès lents de la colonisation, ou sur l'initiative d'hommes hardis et intelligents, munis de capitaux suffisants pour exploiter ses éléments de prospérité. Ces hommes et ces capitaux ne se sont pas encore présentés ; mais il est certain qu'une décision ou un décret favorables à Arzew les ferait affluer à l'envie, car, tel qui lui conteste aujourd'hui le droit de réclamer justice, s'empresserait de faire des acquisitions et de s'installer dans cette ville, si le Gouvernement daignait de nouveau s'occuper d'elle.

§ 18. — Parmi les richesses naturelles, une seule, le sel, a donné lieu à un commencement d'exploitation, mais dans des conditions plutôt fâcheuses qu'utiles à la population, le concessionnaire actuel vendant le sel quinze, dix-huit et vingt francs la tonne et perdant de l'argent, lorsqu'il réaliserait de beaux bénéfices et donnerait à son commerce une grande extension, si un chemin de fer reliait le lac Salé à Arzew et aux villes de l'intérieur.

La nature de la terre de son territoire, divisée en trois qualités, sablonneuse, noire déliée et rouge forte, est d'une fertilité étonnante. Ses produits ont obtenu des primes et des mentions honorables à l'exposition universelle de Paris en 1855.

Les arbres y réussisent très-bien, et en particulier le figuier, l'amandier, l'olivier et le caroubier, mais principalement la vigne, qui, pour la végétation, l'abondance et la qualité des vins, rendrait jaloux les habitants des meilleures contrées de l'Espagne.

Un autre produit important est le sparte, qui croit en quantités illimitées sur les terrains et les montagnes environnant Arzew.

Cette plante textile, employée en France pour de nombreux usages, pour confection de cordages, nattes, papiers, etc., est aujourd'hui, entre une des provinces de l'Espagne et le midi de la France, l'objet d'un commerce qui se compte par millions.

Les droits qui pèsent sur lui doivent nécessairement faire remplacer sur les marchés de France le sparte d'Espagne par le sparte d'Arzew, qui gagnera en qualité à mesure que son exploitation s'étendra par le renouvellement des tiges.

Ce produit dont toute la valeur ne représente que la main-d'œuvre nécessaire pour le cueillir, le secher, le transporter et le transformer, et qui paraît devoir échapper à la fâcheuse influence des spéculateurs de profession, suffirait pour assurer à Arzew une grande augmentation de population et un mouvement maritime important.

Son transport par mer serait réduit à moitié, si on le combinait avec des matières lourdes, telles que le sel, les grains, les bestiaux et les minerais de fer, de cuivre et de plomb qui abondent dans les massifs d'Arzew, mais dont les exploitations manquent encore de capitaux suffisant et de bonne direction en raison de l'éloignement d'Oran.

§ 19. **Routes**. — Trois routes partant d'Arzew se dirigent dans l'ouest, l'est et le sud : l'une sur Oran, la seconde sur Mostaganem, la troisième vers le lac Salé et le Sig. Les deux premières sont fréquentées, mais la troisième, la plus importante pour les relations d'Arzew avec le Sig et l'intérieur, était l'objet des soins du génie militaire, qui l'a ouverte jusqu'à une distance de vingt-cinq kilomètres. Les vingt derniers kilomètres dans la plaine du Sig sont impraticables aux voitures.

Une faible dépense suffirait sans doute pour la mettre en bon état, mais sa remise au service des ponts-et-chaussées, qui a d'autres travaux jugés plus urgents, fait craindre qu'elle ne soit oubliée.

Bains de mer. — La nature sablonneuse de la plage d'Arzew, la beauté du coup-d'œil, l'absence de courants et l'abri que lui donne la conformation des côtes, la rendent on ne peut plus favorables aux bains de mer. Tous les étés, quelques personnes d'Oran et de l'intérieur viennent y rechercher cette salutaire distraction. L'achèvement et l'amélioration des routes ne peuvent que développer cet élément de prospérité qui manque à Oran.

Eaux. — Si les fonds ne manquaient pas au service local des ponts-et-chaussées pour pousser les galeries de Guessiba et du ravin de Tazout près de Kléber, ils pourraient, en deux années, amener à la surface du sol, une quantité d'eau d'excellente qualité qu'on peut estimer à douze cents mètres cubes par jour, ce qui donne douze litres par homme pour une population de cent mille habitants. Ces eaux seraient réunies sur le plateau près de Sainte-Léonie, et amenées par une conduite commune à la ville.

Malheureusement, au lieu de vingt mille francs qu'il eut fallu par an pour terminer en deux années les travaux de fouille, on n'a accordé, durant trop longtemps, que quelques milliers de francs, somme tout-à-fait insuffisante.

Les deux embranchements de conduites d'eau et la conduite principale seraient d'une longueur ensemble de quatorze kilomètres, et coûteraient deux cent dix mille francs. C'est donc deux cent cinquante mille francs que coûteraient douze cents mètres cubes d'eau d'excellente qualité distribuée par jour à Arzew.

Les eaux reconnues à Guessiba et dans le ravin de Tazout étant au moins à cent cinquante mètres au-dessus du niveau de la mer, il y a toute facilité pour les amener dans cette ville, où on eut pu les conduire en deux années de travail dont la durée aura été de dix à douze années lorsqu'il sera achevé.

Si on voulait en procurer une plus grande quantité, on pourrait prolonger latéralement les galeries de sondage, et même faire d'autres recherches aux environs.

Dans tous les cas, la source principale de Cristel, qui donne de neuf cents à mille mètres cubes d'eau par jour, peut encore être amenée à Arzew. Elle se trouve à soixante-dix mètres au-dessus du niveau de la mer, et sa distance d'Arzew par le versant du littoral, seul tracé à suivre pour l'établissement d'une conduite d'eau, est de de vingt-six kilomètres.

La dépense à faire, à cause des difficultés du terrain, est d'un million cinq cents mille francs.

C'est beaucoup, mais si l'on compare les travaux à faire sur d'autres points pour y obtenir un port avec ceux bien moindres à faire à Arzew pour arriver à un bien meilleur résultat, on verra qu'il y aurait une grande économie à exécuter, sur ce dernier point, tous les travaux hydrauliques que nous venons de mentionner, car ils assureraient un approvisionnement d'eau excellente, excédent toujours les besoins de cette ville, contre laquelle on n'a d'autre grief à invoquer que le manque d'eau douce qui s'y fait sentir.

Le village français de Cristel est aujourd'hui abandonné et en ruines, et les Arabes qui habitent à côté
pourraient être indemnisés en argent ou en belles terres
de l'Etat.

Si enfin les eaux dont il est parlé ci-dessus ne suffi-
saient pas encore aux besoins d'une grande ville, en dé-
pensant cent cinquante mille francs, on pourrait réunir
les eaux saumâtres de Tsémamide et de Sainte-Léonie,
et les utiliser pour abreuver le bétail ou pour laver les
rues et les égoûts.

Il n'existe que trois citernes en ville, mais on pourrait établir, dans une des gorges qui dominent Arzew,
une vaste citerne ou réservoir alimenté par les eaux de
pluie.

Telles sont les observations que nous avions à faire
valoir en faveur d'Arzew, que la nature appelle forcément à devenir entre nos mains un grand centre, un
grand entrepôt, un grand port ; car si nous parvenons
un jour à coloniser l'Algérie, il est certain que lorsque
les plaines voisines seront bien peuplées, elles condui-
ront leurs denrées à Arzew et non au port moins bon et
plus éloigné d'Oran. Cette ville, qui jalouse Alger parce
qu'elle occupe le premier rang comme capitale, trouve-
t-elle donc naturel de ne pas tenir compte des intérêts
et des besoins de tous ceux qui n'habitent pas dans son
enceinte ?

Il ne peut suffire cependant, pour la prospérité d'une
province que le chef-lieu absorbe énormément en faisant
la part trop petite au reste du pays.

C'est à cet état de choses déplorable que nous désirons

voir mettre fin dans l'intérêt général ; c'est dans ce but
que nous avons rédigé cet écrit

Nous apprenons , au reste , qu'une partie de ces travaux, décrits dès 1859 dans une étude présentée par
nous au conseil général, est à la veille d'être exécuté ou
est poussée avec plus de vigueur , quant à ceux qui
étaient commencés.

Bien que nous ne possédions à Arzew ni un ami ni un
pouce de terre, nous serions heureux si notre faible voix
avait pu contribuer en quelque chose à la prospérité d'une
cité bien délaissée pendant treize années, et dont la fortune peut influer considérablement sur l'avenir de la
province.

Déjà la compagnie cotonnière de la Macta semble
devoir réaliser une partie de ces prévisions, si on consi-
dère les immenses travaux qu'elle s'est engagée à exécuter et les sommes qu'elle dépensera sur le territoire
de l'Habra.

Cette société française de 1864 doit élever un vaste
barrage sur l'Habra, et ouvrir, en dehors du marais de
la Macta un large canal pour l'écoulement régulier des
eaux de la rivière, qui n'alimenteront plus le marais et
ne s'opposeront pas à son desséchement par la seule force
de l'absorption et de l'évaporation.

Ayant remarqué les pertes d'hommes et d'argent que
les travaux entrepris dans ce marais avaient jusqu'alors
amenés sans produire de résultats, nous nous permîmes
de conseiller et de décrire, en 1855, le travail de ce barrage et d'un canal de ceinture en indiquant l'emploi
possible pour l'irrigation et pour la navigation ; mais

nous étions loin de supposer que notre étude , publiée la la même année par la chambre d'agriculture, fut sur le point d'être exécutée par des Anglais comme il faillit advenir en 1862.

Espérons néanmoins que cette leçon donnée à la France profitera à l'Algérie, et que nos entreprenants et riches alliés, qui furent nos adversaires durant huit cents ans, n'auront plus à s'immiscer dans les affaires de notre colonie, dans laquelle le Gouvernement saura bien sans eux développer la richesse publique et les institutions libérales.

DEUXIÈME PARTIE.

—

Revue critique de la colonisation des arrondissements
de la Province d'Oran.

———

§ 1. — La province d'Oran comprenant cinq arrondissements ou subdivisions, nous commencerons par
celui de Sidi-bel-Abbès qui, placé au centre des quatre
autres, attire l'attention par cette position exceptionnelle.

C'est aussi le point désigné entre tous pour une bonne
colonisation. Ces conditions sont donc propres à faire
ressortir les résultats marqués qu'on eût obtenus d'un
programme mieux entendu que celui qui a été suivi.
Dans la zone dite intérieure, la subdivision de Bel-Abbès occupe le milieu d'une vaste plaine, bornée au nord
et au sud par le petit et le moyen Atlas, le massif des
Hhossels et les Ouled-Zéir à l'ouest, et les monts Guétarnia à l'est.

Cette plaine, dont l'immense périsphérie est accusée
par cette ceinture de montagnes, offre généralement
une surface plate, à l'exception de quelques portions
séparées entre elles par des rideaux de collines peu éle-

vées. Sa longueur est d'une trentaine de lieues sur une profondeur moyenne de huit lieues, donnant environ 3800 kilomètres carrés, ou 380,000 hectares.

Le reste de l'arrondissement de Bel-Abbès comprend : au nord, la portion de la chaîne du petit Atlas qui regarde cette plaine et embrasse, au sud, dans le moyen Atlas, dans les hauts plateaux et même dans les oasis, les parties des zones répondant parallèlement aux terres basses de cette subdivision.

Deux cours d'eau principaux arrosent la contrée : le Télagr qui part d'une ramification de la zone montagneuse, coule du sud au nord jusqu'au caravansérail de Ténira, puis de l'ouest à l'est, et va se perdre dans l'Oued-el-Hammam sous le nouveau nom de l'Oued-Melhreir ; et la Mekerra, qui prend naissance à quelques lieues au-delà du moyen Atlas et de la redoute de Daya et qui, après avoir traversé la zone montagneuse sous divers noms, jusque vers le barrage de Tabia, entre en plaine, en se dirigeant du sud au nord, puis s'incline légèrement vers l'est et devient le Sig dont les eaux sont recueillies dans un second barrage.

Le chef-lieu de l'arrondissement est la ville de Bel-Abbès, créée au bord de la Mekerra, sur l'emplacement d'un poste militaire dont l'occupation remonte à la fin de l'année 1841.

Cette ville fut fondée à la suite des considérations suivantes, présentées en 1847 par le général Lamoricière qui commandait la province :

« Il y a à peine trois mois, les Douairs et les Smé-« las, devenus tribus frontières par le départ des Beni-

« Amers qui habitaient le territoire de Sidi-bel-Abbès,
« étaient exposés aux incursions des tribus voisines du
« Maroc et du Sahara.

« Ils réclamaient l'appui d'un camp et formaient eux-
« mêmes des rassemblements de cavalerie pour couvrir
« leurs laboureurs.

« Les temps sont devenus meilleurs sans doute, mais
« ils n'eussent pas eu ces alternatives de terreur et de
« confiance, si Sidi-bel-Abbès eût été ce qu'il deviendra
« un jour, un centre de population considérable auquel
« s'appuiera un maghzen, et où des rassemblements
« militaires permanents placeront la réserve des troupes
« de la division d'Oran.

« Courte distance de la mer, communications faciles
« avec Mascara pour l'est, pour l'ouest avec Tlemcen,
« dont la route sur Oran deviendrait plus sûre, moyens
« d'action plus rapprochés des hauts plateaux et domi-
« nant les influences de perturbation, protection plus
« efficace à l'installation coloniale, tout indique Sidi-bel -
« Abbès comme une position capitale dans l'ensemble
« des données de notre entreprise.

« Sidi-bel-Abbès, en outre, est nécessaire pour com-
« mander à l'immense pays des Beni-Amers, et pour
« assurer nos communications entre Tlemcen et Mascara,
« entre Oran et le Sahara.

« Cette position de Sidi-bel-Abbès est si importante
« à nos yeux que nous ne craignons pas d'avancer que
« ce sera probablement un jour, et ce jour n'est pas éloi-
« gné, le chef-lieu de la division d'Oran.

« Dans cette pensée, dans cet espoir, nous demandons

« qu'il y soit créé dès à présent un centre de population
« considérable placé sur le bord de la Mekerra, dont une
« partie des eaux pourrait être détournée par des irri-
« gations, au milieu d'une immense plaine réputée
« par sa fertilité et à l'intersection des quatre routes
« principales.

« Sidi-bel-Abbès pourra contenir une riche et nom-
« breuse population agricole. »

A la suite de ce rapport, une ordonnance royale ren-
due en 1847 décida que le poste militaire de Sidi-bel-
Abbès serait érigé en ville qui deviendrait le chef-lieu
de la province.

Cette ordonnance n'ayant pas été rapportée, peut être
exécutée sans nouveau decret, par simple décision mi-
nistérielle.

Avant de commencer la discussion des mesures prises
pour coloniser cet arrondissement, nous croyons devoir
compléter cette appréciation d'un général qui a com-
mandé la province par la description suivante de Bel-
Abbès, empruntée à l'Annuaire de l'Algérie, publié par
M. Jules Duval :

« Comme position militaire, Sidi-bel-Abbès couvre la
« plaine d'Oran, surveille l'ouest et le sud de la pro-
« vince, bouche les trouées par lesquelles l'insurrection
« s'est propagée en 1845 jusqu'aux portes d'Oran ;
« comme fonction civile, c'est le centre de la colonisa-
« tion du vaste bassin de la Mekerra, l'entrepôt com-
« mercial du sud et de tous les villages qui ne tarderont
« pas à le couvrir en s'étendant vers Oran, Témouchen,
« le Sig, Mascara, Tlemcen, Saïda et Daya ; dans

« l'avenir, un des principaux marchés d'approvision-
« nement et d'exportation pour les ports d'Oran et
« d'Arzew.

« Sous l'empire de toutes ces heureuses conditions,
« Sidi-bel-Abbès est appelé, mieux encore que Blidah
« dans le centre, à devenir la capitale militaire et civile
« de l'Ouest.

« Les plans de la cité nouvelle ont été conçus en vue
« de cette haute destinée officiellement annoncée en
« 1846.

« Aussi est-ce vers ce point qu'affluent aujourd'hui
« les capitaux et les bras.

« La province tout entière gagnerait à avoir son cen-
« tre de gravité, de domination et de colonisation, fixé
« d'abord sur le littoral par les nécessités de la guerre,
« reporté plus avant dans l'intérieur, ce qui permet la
« sécurité complète du Tell tout entier.

« La pacification en serait elle-même consolidée. »

Nous nous contenterons d'ajouter, après ces citations
et ces hautes appréciations sur Bel-Abbès que le commerce général du littoral ne se développera qu'en raison
de la colonisation de l'intérieur, et des rapports qu'il
ouvrira avec l'étranger, si l'établissement d'un sixième
arrondissement maritime en Algérie met promptement
nos ports en état de servir d'entrepôt à la moitié des
marchandises du globe qui devront passer dans leurs
eaux lorsque les deux Océans seront réunis par le canal
de Suez.

Nous dirons en outre que, quand la réserve des troupes de la division sera concentrée à Bel-Abbès, elle

pourra être portée en trois jours sur Oran, Tlemcen, Mascara, Saïda et Daya, et assurera ainsi la tranquillité du pays, comme la réunion des services publics sur ce point fera sillonner le pays de routes qui feront connaître et exploiter ses richesses naturelles.

Lorsque le gouvernement croira devoir mettre à exécution l'ordonnance de 1847, l'agrandissement de Bel-Abbès pourra s'opérer sur les terrains réservés autour de son enceinte qui peut être portée au double de la surface actuelle par l'adjonction du village Nègre et des terrains libres à la porte de Mascara.

La première enceinte comprenant, sur une étendue de quarante-huit hectares, une ville militaire d'un côté et une ville civile de l'autre, celle-ci serait ainsi susceptible de recevoir, sur les soixante-douze hectares qui lui seraient dès lors spécialement affectés, une population de vingt-cinq à trente mille âmes et la garnison trouverait son casernement dans les vastes édifices construits ou à construire, comme dans une citadelle projetée pour défendre les abords de la place sur le mamelon du télégraphe.

Toutefois nous reconnaissons que cette transformation, riche d'avenir pour la province entière, devra coïncider avec l'ouverture des routes qui relieront Bel-Abbès à Tlemcen, à Marcara, au Sig, à Témouchen et à Saïda, routes dont l'autorité semble méconnaître l'utilité en ne se préoccupant principalement que de celles qui convergent vers Oran.

Cependant Oran n'est qu'une ville factice, un chef-lieu qui n'a pas sa raison d'être. Cette ville ne subsiste

que grâce à des moyens nuisibles à la province entière ;
le développement de la colonisation vers l'intérieur en
est entravé, comme l'atteste une longue expérience dont
nous devons profiter pour faire l'essai d'un système plus
profitable.

Oran ne peut être ni un grand centre commercial
avantageux, son port étant détestable, ni un centre in-
dustriel, l'absence des chutes d'eau s'opposant à l'établissement d'usines, ni un centre agricole, son terrain
étant aride. Le maintien des pouvoirs publics à Oran est
donc une erreur, leur translation à Bel-Abbès serait
conforme à la raison, au bon sens.

Ainsi les intérêts généraux de la province sont sacri-
fiés à cette heure.

Le jour où Bel-Abbès deviendra ce qu'il doit être, le
chef-lieu politique, administratif, militaire, judiciaire
et religieux de la province de l'Ouest, Arzew, son port
naturel acquerra une grande vie qu'il lui communi-
quera : la population agricole mise en mouvement pourra
décupler, la population urbaine, s'en ressentant, pourra
quintupler, car il faut que l'on sache que la prospérité
des villes repose tout entière sur celle des campagnes et
sur le mouvement extérieur qui vient de la mer ; au
reste, la position centrale de Bel-Abbès l'appelle nécessairement à remplir, à l'égard des autres villes de la
province l'office que remplit le moyen d'une roue à
l'égard de ses rais et de ses jantes.

En effet, si l'on prend un compas et si on l'ouvre, de
manière à embrasser un espace de trente-une lieues, on
trouvera, en le faisant rayonner autour de Bel-Abbès,

que toutes les villes de la province, même celles qui en sont le plus éloignées, sont situées à vol d'oiseau en deçà de la portée du compas, tandis que l'on n'obtient ce résultat sur aucun autre point de l'intérieur, que l'on prenne pour pivot Tlemcen, Mascara ou Relizane.

En soulevant le voile qui couvre les yeux, nous voyons clairement que toute somme dépensée à Oran ne peut s'y transformer qu'en maisons et en villas coûteuses et peu productives, et que toute somme dépensée à Bel-Abbès et dans l'intérieur s'y transformera en productions et en créations agricoles, industrielles et commerciales utiles à la masse du pays, comme nous l'avons expliqué amplement dans une étude précédente à laquelle noûs nous référons pour plus de détails.

On a dit que la plupart des chefs de services habitant Oran depuis longtemps, en préféraient le séjour à celui de toute autre ville.

Mais le bien de la province n'admet pas de pareils sentiments, et le premier devoir de tout fontionnaire est de préférer à ses commodités personnelles, la grandeur et la prospérité du pays.

Ils doivent tous avoir à cœur de faire réussir la colonisation algérienne qui a coûté tant d'efforts et d'argent et qui pourra être un jour une des gloires de la France.

Aussi n'ajoutons-nous aucune créance à ces dires. Nous espérons au contraire que le *statu quo* et les errements d'aujourd'hui, étant jugés anti-coloniaux, le personnel supérieur demandera lui-même sa translation à Sidi-bel-Abbès, où il trouvera dans l'exécution d'une foule d'améliorations possibles, une situation matérielle bien préférable à celle que peut lui offrir Oran.

Déjà Bel-Abbès, cité aux proportions régulières, semblable à un nid caché dans l'épais feuillage de ses mille jardins, est entouré de dix villages, de dix usines et de belles campagnes qui en font un riant oasis, grâce aux eaux fertilisantes de la Mekerra et aux efforts des cultivateurs qui ont défriché un sol naguère entièrement couvert de broussailles, de ronces et de palmiers nains.

Devenu le chef-lieu de la province, le défrichement et la culture s'étendraient promptement dans toutes les directions ; le peuplement, les produits et les revenus augmenteraient à vue d'œil, ainsi que le commerce intérieur et extérieur, et les charges du trésor diminueraient progressivement.

Les créations faites dans cet arrondissement en seize années, offrent une valeur d'environ vingt millions et sont dues à une population dont les éléments se sont recrutés presque uniquement parmi les ouvriers, les étrangers et les soldats libérés. On cite peu de personnes venues à Bel-Abbès avec des capitaux. La plupart ont quitté l'Europe à la suite de pertes de fortunes ou de positions, et doivent celles qu'elles ont acquises à leur travail. Il est à remarquer que la classe des cultivateurs, loin d'être formée de bons agronomes, ne l'est en partie que de gens qui étaient étrangers aux travaux des champs, dont ils ont fait l'apprentissage en cultivant leurs concessions.

Néanmoins on compte déjà dans cette localité quelques belles fortunes, beaucoup de fortunes moyennes, de beaux édifices, de belles usines, de vastes fermes, des jardins par milliers, d'immenses plantations, et si le progrès n'eût été contrarié par plusieurs mauvaises récoltes, par deux fausses mesures prises par l'administration et par l'établissement trop hâté du régime civil, cette richesse publique eût été doublée en quelques années.

Ces résultats sont d'autant plus frappants et répondent d'une manière d'autant plus victorieuse à ceux qui dirigent la virtualité de la colonisation européenne, que si l'on excepte les terrains riverains de la Mekerra et ceux de la région du Tessala, les meilleures terres de l'arrondissement sont encore entre les mains des Arabes, comme nous le verrons plus loin.

La majeure partie des Européens n'est d'ailleurs pas encore en position de faire de bonnes cultures, manquant de bétail, et devant à la fois construire, défricher, cultiver, nourrir leurs familles sans autres ressources que leurs bras, leurs récoltes et l'aide des usuriers sans pitié.

Aussi, si nous supposions le pays plus vieux de seize autres années le verrions-nous sortir de l'ère difficile des créations, et pouvant probablement alors soutenir avantageusement le parallèle avec bien des contrées de France, car l'aisance dont jouira une seconde génération plus instruite et mieux élevée que la première, lui permettra de réaliser les améliorations en bien des genres. Que n'obtiendrait-on pas, en outre, si l'émigration française aidant nous amenait enfin de bons agriculteurs et d'estimables capitalistes.

Telle est cependant cette terre algérienne contre laquelle on a tant médit, et sur le compte de laquelle on a essayé de tromper l'Empereur. On nie ses qualités en chargeant ses défauts, et ses détracteurs, fermant les yeux, ne veulent pas se rendre à l'évidence.

Là où s'élève une ville, il n'y avait naguère qu'une solitude sans arbres, mais couverte de palmiers nains, de ronces, de joncs et de broussailles, où toutes les nuits les premiers habitants entendaient glapir le lynx, les hyènes et les chacals. On y voit aujourd'hui une cité aux formes correctes, entourée de villages, de jardins, de fermes, d'usines, de routes, d'arbres par centaines de mille, de vignes et de champs appropriés ; et cependant, là, l'Arabe ne cultivait autrefois que de faibles parcelles d'un sol sauvage. En réalité on ne lui a donc rien pris pour créer ces richesses ; la civilisation a simplement succédé au néant.

Convenons donc que cette terre d'Afrique n'est pas plus ingrate que la terre de France ; qu'elle a conservé son ancienne fécondité pour qui veut et peut la travailler, et que l'insuccès résulte surtout de la très-grande insuffisance des cultures et des mauvais moyens mis en œuvre pour la coloniser.

On attribue au sol les déceptions, mais pour être plus juste on devrait souvent reconnaître qu'elles proviennent plutôt des hommes et de leurs institutions.

Celui qui gratte la terre, comme l'Arabe, récolte à peine sa semence dans les années sèches, mais celui qui la prépare bien, obtient encore, dans les mauvaises années, un rendement de huit à six pour un, qui monte à vingt-cinq dans les bonnes années. Modelons donc tous nos actes sur cet exemple, et en étudiant bien le pays, cherchons à n'appliquer à sa colonisation que des mesures en harmonie avec ses ressources et ses besoins.

§ 2. — Les événements du 8 de ce mois, qui viennent de désoler l'arrondissement de Sidi-Bel-Abbès, le jour même où se publiaient nos appréciations sur le rôle principal auquel est forcément appelée la ville de Bel-Abbès dans la province, ont déjà pleinement justifié notre manière de voir sous ce dernier rapport, et confirment d'avance la vérité de ce que nous allons ajouter sur la nécessité d'une division des arrondissements en cantons, dont les chefs-lieux, fortifiés, seraient dans chaque quartier principal, ce que sont à cette heure nos trop rares cités, des centres de domination, de refuge, de justice, d'instruction, d'administration, de vente et de ravitaillement.

En effet, une seule ville, dans chacun de nos arrondissements algériens, aussi vastes que les départements français, ne peut assurer la sécurité et répandre suffisamment la vie dans toutes leurs parties.

Reconnue en France et dans tout pays civilisé, la nécessité de villes nombreuses et rapprochées existe également en Algérie, où elles sont situées à des distances de vingt à trente lieues les unes des autres.

Comme elles ne peuvent servir que d'une manière onéreuse aux besoins des habitants éloignés, il en résulte pour ceux-ci beaucoup d'insuccès causés par les faux frais et les pertes de temps.

Aussi nos arrondissements réclament-ils, sur le modèle de la France, une division immédiate en cantons, dont les chefs-lieux concourraient efficacement au peuplement, en devenant progressivement autant de nouveaux centres administratifs.

Par l'adoption de cette mesure, on parviendrait en outre à pouvoir administrer et instruire les Arabes comme les Européens, et les terres prendraient en peu de temps de la valeur dans toutes les parties du pays.

Nous diviserons donc cette revue de la colonisation de l'arrondissement de Bel-Abbès en autant de chapitres que son territoire peut admettre de grandes divisions ou de cantons.

Outre le canton du chef-lieu placé au centre des autres et dans lequel nous ferons d'abord entrer le territoire actuellement administré par l'autorité civile, nous adopterons cinq autres divisions pouvant former encore cinq autres cantons pourvus d'autant de chefs-lieux. Ce sont :

1° La vallée du Sig et du Tlélat, dont nous placerons le chef-lieu à Zélifa ;

2° Le Tessalah, chef-lieu à Aïn-Safra ;

3° Les plaines de Douï-Aïssa et d'El-Achia, chef-lieu à Lamtar ;

4° La zône du moyen Atlas, chef-lieu à Sidi-Ali-Ben Youb ;

5° Les plaines de Tilouine et de Mécid, chef-lieu à Mélékein.

Ces six cantons répondraient à la division des deux aghaliks de cette subdivision en tribus :

1° Des Ouled-Brahim ;

2° Des Ouled-Ali ;

3° Des Hazedj ;

4° Des Hamyane et Assassena ;

5° Des Djaffra ;

6° Et des Ouled Sliman.

Cette distribution nous a semblé urgente à établir par les motifs que nous développerons dans la suite de cette étude, mais surtout parce que nous ne voyons pas d'autre moyen à employer pour peupler promptement cet arrondissement de six villes et d'une soixantaine de villages, comme pour accomplir la fusion du peuple vaincu dans le peuple vainqueur, fusion que la France doit pouvoir réaliser quand elle le voudra résolument.

Chaque chef-lieu prendrait promptement la consistance d'un bourg, parce que les fonctionnaires et les professsions diverses répondant aux principaux besoins agricoles et commerciaux ne tarderaient pas à s'y établir, et ils deviendraient avec le temps des petites villes qui faciliteraient le peuplement de tout le pays environnant, comme elles aideraient à relier la colonisation des différents arrondissements.

§ 3. — Le canton du chef-lieu occupe le centre de l'immense plaine que nous avons décrite.

Cette plaine seule forme la meilleure partie de l'arrondissement de Bel-Abbès, puisqu'elle pourrait comprendre presque cinq cantons sur six, le sixième devant provisoirement embrasser toutes les vastes régions montagneuses, les hauts plateaux et les oasis qui s'étendent au Sud.

Le canton du chef-lieu se formerait naturellement de la ville, de la banlieue propre à sa cité, et des villages les plus rapprochés, nommés Muley-Abd-el-Kader, Sidi-Amran, Le Rocher, Sidi-Brahim, Frenda et Sidi-Lhassen, qui constituent actuellement le territoire civil, dont la population était de 5,215 Européens en 1861, mais dont le chiffre est descendu à 4,566 en 1873 et à 4,719 en 1864, tandis que le nombre des indigènes, la plupart israélites, a monté du chiffre de 640, en 1860, au chiffre de 1,560 en 1864. La population a au contraire doublé, durant cette période, en territoire militaire.

Le canton s'étendrait en outre : au nord et au sud jusqu'à l'une et l'autre chaîne de l'Atlas, et rayonnerait sur les autres côtés à trois et à quatre lieues de distance de la ville.

Un grand nombre de villages, de hameaux d'exploitation pourraient donc encore trouver place dans sa circonscription : au sud jusque vers l'endroit nommé Le Puits, au nord jusqu'à Zertila et la concession des frères de Misserghin qui servirait de ligne de démarcation avec le canton de Tessalah.

Notre travail ayant pour but de provoquer des améliorations dans la distribution du territoire à coloniser, nous bornerons pour le moment à ces lignes nos remarques sur le centre de ce canton, où les constructions, les usines, les défrichements, les cultures, les plantations et les jardins sont trop avancés pour que l'on puisse songer à remanier les choses, et nous reviendrons sur certaines portions de son territoire en parcourant les autres cantons. Il commande surtout l'attention pour la translation à y opérer des pouvoirs administratifs de la province.

§ 4. — Nous allons maintenant passer à l'examen des autres cantons où les choses sont moins avancées et sont encore moins susceptibles de rectification au profit de la bonne colonisation du pays.

Mais avant de passer à cet examen, il convient de rechercher quelques-unes des causes de la diminution de la population en territoire civil et du malaise qui règne dans le pays.

Cet état est dû à des causes générales et particulières telles que :

1° Au défaut d'unité de pouvoir qui se faisait sentir avant le dernier décret, et l'action peu efficace d'une partie de l'administration algérienne, qui échappe à tort à la direction particulière des administrations centrales de la métropole, d'où il résulte que les bonnes inspirations et les bonnes traditions sont perdues, parce que les communications directes ont été coupées entre les fonctionnaires algériens et les directions supérieures. Cette raison explique l'inanité des efforts de l'ancien Gouvernement général de l'Algérie, du gouvernement précédent et du ministère spécial qui fut créé à Paris. Elle donne également raison de l'ignorance où l'on est en France de tout ce qui nous concerne.

Par exemple aucun gouvernement n'eut d'action sur

les Français pour les attirer dans la colonie, tandis qu'il en eut été autrement si le ministre de l'intérieur eut été chargé de faire connaître l'Algérie à la France par l'intermédiaire de ses nombreux agents ;

2° A une persistance aveugle à repousser les avantages offerts par la nature dans certaines situations pour la création de villes, de ports, de routes, d'irrigations efficaces; pour le choix d'un emplacement favorable à un chef-lieu de province, pour une division des arrondissements en cantons analogue à celle de la mère-patrie ;

3° Aux charges qui ont pesé trop tôt sur des populations à peine installées et ayant tout à créer, telles qu'impôts municipaux, taxe de canaux, etc.

Les frais et la perte de temps qu'entraîne tout appel porté au tribunal d'Oran et la plaie des agents d'affaires qui afflige Bel-Abbès, parce qu'il ne peut y avoir d'avocats et de chambre des avocats sans tribunal, exercent également une fâcheuse influence et font la part trop belle au riche contre le pauvre.

La ville de Mascara aurait d'ailleurs un grand intérêt à voir créer un tribunal à Bel-Abbès dont elle relèverait au lieu de relever de celui de Mostaganem où ses habitants ne peuvent se rendre qu'en passant par Oran ;

4° A l'usure qui a pris des proportions inouïes depuis l'affaiblissement du régime militaire.

Cette lèpre inconnue pendant les premières années de l'érection de la ville présente un détestable exemple dont le résultat serait d'abaisser le niveau moral des populations, de détourner les capitaux des entreprises agrico-

les, de remplacer enfin dans le cœur des colons les sentiments d'honneurs, de dignité, de respect de soi-même,
de courage, de droiture , d'équité si nécessaires à des
hommes fondant une société par un désir funeste de la
fortune acquise par tous les moyens possibles.

Les israélites faisaient autrefois le commerce avec les
Arabes et le prêt d'argent à 0/0 p. 0/0 et plus. Les
israélites sont aujourd'hui cent . fois plus nombreux
qu'aux débuts de l'occupation , et trop d'Européens se
sont modelés sur eux.

5° Au manque de crédit réel qui devrait cependant
résulter des valeurs crées dans ce district pour une somme d'environ vingt millions, sans compter les dépenses
faites par l'Etat, car la seule institution de crédit fondée
dans la province sous le nom de succursale de la Banque
de l'Algérie est loin de répondre aux exigences du pays.

Pour obtenir de l'argent de cette Banque , tout billet
devant être revêtu de la signature d'une personne sol-
vable domiciliée à Oran même, cette nécessité force
l'emprunteur à payer aux intermédiaires obligés un ,
deux et trois p. 0/0 par mois en outre du 1/2 p. 9/0 d'intérêt payé à la Banque, sans compter l'escompte qui est
toujours prélevé d'avance.

L'abrogation de l'art. 12 des statuts de cette Banque
et l'établissement de nouvelles succursales dans chaque
chef-lieu d'arrondissement ferait cesser cet état de choses d'autant plus fâcheux qu'il affecte la majeure partie
des transactions ;

6° A la privation de l'aide que le colon recevait autrefois en main-d'œuvre militaire, en primes pour éta-

blissement de norias , pour défrichement de palmiers, en dons de sujets de pépinières et de semences de plantes dont la grande variété peut fournir au cultivateur tant de ressources en dehors de ses cultures de céréales, mais surtout à l'absence de créations de nouveaux centres à coloniser depuis l'année 1855, et à l'abandon absolu depuis cette époque du concours de l'élément arabe à la colonisation, concours qui eut lié définitivement au sol et à nos lois toutes les principales familles du pays.

Les Arabes construisaient antérieurement une trentaine de maisons par année dans la subdivision et ont cessé d'en construire. Aussi se sont-ils désaffectionnés depuis qu'on a paru les délaisser, et leur indolence accempagnée d'autres défauts est à peu près la même qu'à notre arrivée et déteint même sur les Européens dont le devoir serait de les civiliser.

7° Aux lenteurs vraiment désespérantes que l'administration , malgré son monde d'employés , apporte à l'expédition des affaires, soit qu'il s'agisse de faire droit à des demandes de concessions ou de remises de titres , à des rectifications d'erreurs très-nombreuses au sujet des bornes ou de l'emplacement même des propriétés ayant parfois plusieurs maîtres, soit qu'il s'agisse de toute autre réclamation.

8° A deux mauvaises récoltes successives et au bas prix des grains durant ces dernières années , situation qui a été aggravée encore par la mesure prise par l'administration des tabacs qui a refusé inopinément de recevoir les produits des agriculteurs, ou ne les a payés qu'au tiers de leur valeur, ce qui a fait perdre un demi-

million de produits annuels à l'arrondissement , puisqu'on a renoncé dès-lors à cette culture. Il en résulte
également un encombrement des produits maraîchers
dont la vente fait à peine rentrer les cultivateurs dans
leurs déboursés ; et enfin à un arrêté pris par la préfecture, malgré les oppositions les plus formelles, et qui a
eu pour effet de faire échouer en 1862 toutes les cultures d'été, faire périr beaucoup d'arbres et de jardins en
faisant perdre à la fois une production très-importante
de denrées et en frappant d'une forte moins-value les
propriétés anciennement arrosées.

Ce dernier résultat est dû à une répartition beaucoup
trop multipliée des eaux de la Mékerra faite en 1862 ,
répartition que l'administration militaire avait judi-
cieusement subordonnée à un accroissement des eaux de
là rivière par un barrage, pour ne pas léser les intérêts
de ceux auxquels on avait accordé l'irrigation à partir
de 1848.

9° Au monopole qui s'exerce au moyen des usines
qui, au nombre de dix dans l'arrondissement , sont ex-
clusivement consacrées à la minoterie. Bien qu'elles
produisent 500 quintaux de farine par jour, les habitants
ne peuvent faire moudre leur blé à aucun prix. Ils doivent livrer deux quintaux de bon blé très-propre pour
un quintal de farine qui peut provenir de blé avarié ,
sinon payer 26 francs ce quintal de farine lorsque le blé
n'est coté dans la localité qu'à 10 et 11 francs le quintal.

Cependant de 1849 à 1852 , on fit moudre le blé à
raison de 4 francs par quintal, lorsqu'il n'y avait qu'un
seul moulin. Serait-ce ainsi que l'équilibre s'établit tou-

jours entre l'offre et la demande au dire de nos modernes économistes et de nos principaux représentants en
Algérie?

« Tant pis pour ceux qui empruntent à un haut in-
« térêt, disaient nos présidents du Conseil général qui
« se posaient en libéraux. L'argent doit être considéré
« comme marchandise en Algérie , et personne n'a le
« droit de dire d'un tel qu'il est usurier pour l'exclure
« d'un conseil. »

Ces idées prennent malheureusement cours en France.

De grâce, que le Sénat, chargé de sonder la question,
fasse étudier l'homme en Algérie, et il reconnaîtra que
le taux légal est le palladium des Français et de l'honneur de la France.

Les colons de Bel-Abbès ont cherché en vain à s'af-
franchir du tribut énorme qui a pour effet de maintenir
le pain à un taux élevé, quand la denrée première est à
vil prix. Réunis en association pour fonder un moulin
communal , ils ont échoué après avoir dépensé 4,000
francs en pure perte; et dernièrement encore, un particulier, qui était appuyé par une pétition signée par 280
personnes, n'a pas eu jusqu'à présent plus de succès,
bien qu'il s'engageât à moudre à 3 fr. le quintal.

Quand donc l'intérêt public et le bon droit repren-
dront-ils toute leur puissance dans la colonie? Il est
temps que la classe des prévaricateurs soit tenue en respect par une main ferme? La masse du peuple est com-
posée de gens de cœur ; les bras sont robustes, la patience
a été vraiment héroïque. Une immense espérance a jusqu'ici chassé le découragement : l'espérance d'un libé-

rateur ? Le peuple algérien l'attendait dans la personne du Maréchal Pélissier, auquel le temps seul a manqué pour accomplir la rénovation sociale d'une société jeune, pleine de sève, mais déjà gangrenée, comme il nous le disait lui-même un jour. Cette pensée excitait dans l'âme de M. le Maréchal des sentiments de profonde pitié pour les uns, et de souverain mépris pour les autres : et ces sentiments étaient bien partagés par le commandant supérieur de notre province. Aujourd'hui nous avons tous la ferme confiance que l'âme élevée et dévouée de S. Exc. le duc de Magenta saura apprécier tous nos besoins et guérir nos maux, qui consistent encore plus dans des épreuves morales de tous genres que dans des labeurs et des difficultés matérielles.

Un corps d'inspecteurs spéciaux attachés à sa personne et à celle des commandants supérieurs de province porterait d'une manière efficace sa surveillance et son contrôle sur tous les points, et, par crainte d'enquêtes sérieuses, maintiendrait chacun dans le devoir, en faisant comprendre à tous que le souverain ne délègue ses pouvoirs qu'avec mission de faire le bien.

TABLE DES MATIÈRES.